L'homme qui plaît et la femme qui charme

John A. Cône

Writat

Cette édition parue en 2023

ISBN : 9789359253084

Publié par
Writat
email : info@writat.com

Contenu

PRÉFACE.

Les créateurs de livres ont été divisés en deux classes : les créateurs et les collectionneurs. En préparant ce volume, l'auteur n'a pas revendiqué une place en première division, car il n'a été, dans une large mesure, qu'un collectionneur. Les faits contenus dans le livre sont familiers aux personnes intelligentes, et la seule excuse offerte pour les présenter sous un nouvel aspect est que nous avons besoin de nous rappeler souvent certaines vérités qui nous sont les plus familières.

Dans nos relations quotidiennes les uns avec les autres, nous pouvons oublier d'accorder aux autres la prévenance et l'attention que nous exigeons d'eux.

Nous savons tous que l'essence de la courtoisie est le but, dans le langage et les manières, d'être agréable, attrayant et aimable, d'éveiller par notre présence des impressions heureuses chez autrui. Nous le comprenons tous, mais nous l'oublions si facilement, ou du moins, nous oublions de le mettre en pratique.

La courtoisie n'est pas la moindre des vertus chrétiennes et doit être étudiée comme un art.

Le lecteur est prié d'accepter ces chapitres dans l'esprit dans lequel ils ont été préparés. Il ne s'agit pas d'études psychologiques approfondies, ni même d'essais originaux, mais seulement d'un rassemblement de vérités simples mais importantes, qui nous concernent tous. Peut-être qu'ils pourraient être d'une certaine aide... " N'oublions pas ... "

L'HOMME QUI PLAIT.

L'ami le plus cher pour moi, l'homme le plus gentil,
l'esprit le mieux conditionné et le plus infatigable pour faire des courtoisies.

MARCHAND DE VENISE.

Il a une beauté quotidienne dans sa vie.

OTHELLO.

Un tel homme gagnerait n'importe quelle femme au monde s'il pouvait obtenir sa bonne volonté.

BEAUCOUP DE BRUIT POUR RIEN.

Il existe peu de sujets qui intéressent autant les hommes et les femmes que celui de la fascination personnelle, ou de ce qu'on appelle parfois le « magnétisme personnel ». Nous en parlons communément comme s'il s'agissait d'une qualité mystérieuse dont il n'est pas possible de donner une explication précise.

« Un homme est fascinant », disons-nous, « il est né magnétique ; il a un charme indéfinissable qui ne peut être ni analysé ni compris », et avec le terme « naturellement magnétique », nous remettons la question au monde du mystère.

Cette qualité est-elle d'une nature si déconcertante qu'elle ne peut être comprise, ou une étude de ces hommes et de ces femmes qui possèdent par excellence le pouvoir de plaire nous montrera -t-elle le secret de leur influence et nous prouvera-t-elle que le don de fascination n'est pas un don nécessairement inné, mais qu'il peut, dans une large mesure, être acquis ?

Ne verrons-nous pas que ce qui apparaît comme la perfection du naturel n'est souvent que la perfection de la culture ?

Parmi tous nos hommes publics bien connus qui ont acquis la réputation d'être « naturellement magnétiques », nous ne pourrions peut-être pas choisir un meilleur exemple que James G. Blaine. À l'exception peut-être d'Henry Clay, aucun autre dirigeant politique de notre histoire, quelles que soient les circonstances, n'avait eu des partisans aussi dévoués et déterminés. Clay et Blaine possédaient tous deux des dispositions sympathiques et affectueuses, et tous deux comprenaient la nature humaine et l'art de plaire. On peut dire que la popularité de M. Blaine était due, dans une large mesure, au caractère brillant et attrayant de son service public, et cela était sans aucun doute vrai dans une certaine mesure. Personne ne connaissait mieux que lui l'importance de tirer le meilleur parti des occasions de spectacle dramatique et sensationnel, et ses méthodes de sens politique étaient toujours calculées pour plaire à la multitude.

Sa plus grande puissance, cependant, s'est manifestée dans ses hommes gagnants par contact direct et individuel. Une chose qui l'a aidé dans cette direction était le fait qu'il était peut-être le plus courtois de tous les hommes publics de sa génération. Chaque fois qu'un étranger lui était présenté, une poignée de main chaleureuse, un regard intéressé et une attitude attentive et cordiale lui assuraient que M. Blaine était très heureux de le voir. S'ils se rencontraient à nouveau après des mois, voire des années, l'homme était ravi de constater que M. Blaine non seulement se souvenait de son nom, mais qu'il semblait chérir même les souvenirs les plus insignifiants de leur courte connaissance. Il avait une merveilleuse mémoire des visages et des noms, et il comprenait la valeur de ce don.

Cette capacité à mémoriser les visages n'est pas difficile à acquérir. Nous pourrions tous le posséder si nous faisions suffisamment d'efforts. Il n'y a pas deux figures ou visages exactement identiques, et c'est en notant comment ils diffèrent les uns des autres que vous vous en souviendrez.

En expliquant sa remarquable mémoire des visages, Thomas B. Reed a dit un jour à un journaliste qu'il n'avait jamais regardé un homme en face qu'une particularité frappante, une ligne, une ride, une expression autour des yeux, la forme des lèvres, la forme du nez, quelque chose qui marquait le visage de cet homme de manière indélébile dans son esprit et le distinguait du reste de l'humanité.

Blaine s'entraîna soigneusement à repérer une caractéristique ou une particularité grâce à laquelle il pourrait distinguer un visage ou une personne de tous les autres et à laquelle il pourrait associer le nom de l'individu.

La capacité de se souvenir des noms et des visages est l'une des réalisations les plus précieuses de l'homme dans la vie publique, ou bien de tout homme ou femme souhaitant réussir en société. Non seulement cela assure du confort à soi-même, mais cela fait particulièrement plaisir aux autres. A côté du confort de pouvoir s'adresser par son nom et sans hésitation à une personne qu'on n'a rencontré qu'une seule fois et sans se tromper, il y a le confort d'être reconnu soi-même.

Une autre raison pour laquelle M. Blaine était populaire auprès des masses était qu'il n'était pas difficile à approcher et qu'il ne manquait jamais une occasion d'être utile à une personne qui pourrait, un jour, lui être utile à son tour.

Le *Globe-démocrate de Saint-Louis* a déclaré peu après sa mort : « M. Blaine n'avait pas l'habitude d'attendre que les hommes lui demandent des faveurs.

Il anticipait leurs désirs et doublait leurs obligations envers lui en faisant volontairement ce qui aurait pu été retardé pour sollicitation. Cela lui a donné le genre de popularité qui survit à la défaite et résiste à toutes les influences ordinaires de critique et d'hostilité. Il pouvait toujours compter sur une certaine mesure de soutien indéfectible et inconditionnel, quelles que soient les forces qui se présentaient contre lui ; et il a transformé des ennemis acharnés en amis zélés avec une facilité qui était une source constante de surprise et d'émerveillement.

Mais pourquoi le fait qu'il réussisse à attirer les autres à lui devrait-il être une source de « surprise et d'émerveillement » ?

M. Blaine, comme beaucoup d'autres hommes et femmes magnétiques, a compris que le secret de la fascination personnelle réside dans un seul point ; c'est-à-dire « dans le pouvoir d'exciter chez une autre personne des sentiments heureux d'un haut degré d'intensité, et de faire en sorte que cette personne identifie ces sentiments avec le charme et la puissance de leur cause chérie ».

Toute qualité, bonne ou mauvaise, qui permet à un homme de faire cela, le rend fascinant, qu'il soit saint ou pécheur. En effet, certains des hommes les plus habiles dans l'art de plaire ont été des scélérats.

Un écrivain du *Boston Herald* a déclaré : « On disait autrefois d'Aaron Burr, si irrésistible par son charme de manières, qu'il ne pouvait jamais s'arrêter au stand de la plus laide vieille femme aux pommes, sans la quitter. son esprit quand il partit, la conviction qu'il la considérait comme la plus belle et la plus gracieuse de son sexe. Et ainsi, si le suffrage féminin avait prévalu à son époque, il aurait eu le vote solide des femmes-pommes pour n'importe quelle fonction qu'il pourrait aspirer à."

Aaron Burr a clairement compris qu'il n'existe pas de femme totalement dépourvue de sentiments, et il a toujours fait appel à cette partie de la nature féminine.

Il comprit très bien la vérité de ces paroles écrites par Croly : « De toute ma vie, je n'ai jamais rencontré de femme, depuis l'habitante des tropiques au nez plat et couleur d'ébène jusqu'à la divinité blanche comme neige et sublime d'un Île grecque, sans une touche de romantisme; la répugnance ne pouvait la cacher, l'âge ne pouvait pas l'éteindre, la viscosité ne pouvait la changer. Je l'ai trouvée en tous temps et en tous lieux, comme une source d'eau douce, jaillissant même du silex. , réconfortant les tristes, adoucissant les insensibles, rénovant les flétris ; un murmure secret à l'oreille de chaque femme vivante que jusqu'à la fin, l'affection pourrait flotter ses pignons roses autour de son front.

Burr, comprenant cela, laissa dans l'esprit de la marchande de pommes la ferme impression qu'il pensait qu'elle devait être autrefois une duchesse, dont la fortune avait été réduite par quelque accident, et maintenant conduite dans le dernier refuge d'un marchand de pommes. et que ces tristes faits expliquaient évidemment les traits de haute éducation et de raffinement délicat si visibles à travers toute sa pauvreté actuelle.

Il a compris le fait que tous les humains vivent dans deux mondes distincts : le monde de la réalité et le monde de l'imagination. Dans le monde réel , ils utilisent des balais et des pelles, lavent les sols et la vaisselle ou vendent des pommes ; dans l'autre, ils vivent dans des salons, se régalent somptueusement et font l'émerveillement et l'admiration de l'humanité.

"Peu de gens", poursuit l'auteur du *Herald*, "croiraient qu'une femme-pomme laide et délabrée puisse vivre dans le royaume enchanté de l'imagination tout autant que les riches et les favorisés. Mais Burr le croyait, alors quand il Parlant à la vieille vieille, il s'est approché, non pas vers son moi flétri et mendiant, mais vers son moi idéal, entrant avec imagination dans le rêve de la duchesse en elle, et est devenu instinctivement déférent dans son attitude.

"Immédiatement, la duchesse en elle sortit à la rencontre du gentleman courtois en lui, et des salutations furent échangées comme entre deux descendants incognito d'une noble lignée. Chacun appréciait la rencontre, chacun avait assez d'imagination pour lui donner la saveur de la réalité, et pour garder hors de vue les faits matériels et communs. »

« Mais, dites-vous, tout le monde ne peut pas faire une telle impression, car peu sont capables de faire et de dire les choses avec l'aisance et la grâce d'un Burr. Il faut qu'il y ait un naturel dans les manières qui ne suggère jamais le soupçon. " L'homme essaie de forcer sa nature et de fabriquer des sourires et des regards de plaisir, et la vieille femme aux pommes saura tout de suite qu'elle est dupe. " C'est très vrai, et il n'est pas souhaitable que l'homme moyen possède la capacité d'un Aaron Burr à influencer les autres. Peu de personnes tentent comme lui d'acquérir ce pouvoir, mais comme l'homme moyen ne peut pas immédiatement exercer sur les autres la puissante influence qu'il a exercée, il ne s'ensuit pas que nous soyons incapables de comprendre le secret du succès de Burr, ni qu'il n'est évident que les autres hommes ne peuvent pas acquérir quelque chose de ce pouvoir en estimant que cela en vaut la peine.

Il ne serait pas prudent de dire que tous les hommes peuvent réussir également, malgré tous leurs efforts, à inspirer chez les autres « des sentiments heureux d'un haut degré d'intensité », car la nature n'a pas été impartiale en accordant également à tous les dons d'adaptation. et l'expression.

Il y a quelques personnes si constituées par leur tempérament et leur organisme mental qu'elles exercent une influence déprimante sur leurs associés. Ils ont un esprit négatif et flasque qui semble agir, au sens figuré, un peu comme le fait une chaussure mouillée sur celui qui est obligé de la porter. Ils puisent dans la force nerveuse et épuisent la patience de ceux qui sont obligés d'être beaucoup en leur compagnie. Mais il n'y en a pas beaucoup de ce type. La plupart d'entre nous pourraient faire bien plus de progrès que nous dans l'acquisition de grâces sociales et dans l'art de plaire.

Considérons maintenant quelques-unes des qualités particulières qui rendent un homme agréable au sexe opposé.

Bien sûr, différents types d'hommes plaisent à différentes femmes. Certaines femmes se soucient peu de l'élément moral chez les hommes. Ils ne les admirent pas pour leur bonté ou la noblesse de caractère, mais plutôt pour leurs manières et leur capacité à flatter et à dire des choses agréables. Certaines femmes sont fascinées par la simple force brute, mais elles ne sont pas nombreuses. Le rang, la richesse et la position sociale sont très attrayants pour certains, mais ces éléments ne rendent pas l'homme lui-même plus attrayant pour la vraie femme.

Lorsqu'une fille est jeune, elle peut s'extasier devant « un profil en camée, une chevelure de Burnes-Jones ou une langueur et une pâleur préraphaélites », mais ces choses sont vouées à pâlir et à devenir absolument désagréables. Certains admirent même carrément la méchanceté chez les hommes, et ce sont ces femmes qui envoient des friandises aux meurtriers en prison et les accablent de bouquets. Mais heureusement, ces types ne représentent qu'une petite fraction du beau sexe, et ce chapitre ne concerne que la grande majorité ; les femmes intelligentes, morales et cultivées du pays. Quelles qualités chez les hommes les attirent le plus ?

La beauté physique est toujours attirante chez les deux sexes, mais le bel homme n'a l'avantage sur son rival plus évident que sur ce point : il est capable d'attirer immédiatement l'attention sur lui. Il lui faut cependant quelque chose de plus pour retenir cette attention. Il est peut-être physiquement un Apollon, mais s'il est mal élevé, ennuyeux ou ignorant, il n'aura aucune chance à côté de l'homme habile dans les manières astucieuses et raffinées de ce qu'on appelle la société, qui est maître de cette grâce de manières et de cette flexibilité de la vie. un discours qui, plus que la richesse, la réputation ou l'attrait personnel, séduit les femmes.

Il a été prouvé à maintes reprises que même la laideur du visage et de la forme n'est en aucun cas un obstacle à la popularité auprès des femmes, et même si nous sommes souvent étonnés du choix que font parfois les femmes brillantes et belles parmi une foule de Admirateurs, au bas de chaque sélection apparemment fantastique, il y a une raison solide et, généralement, sensée.

Ernest Renan n'était certainement pas beau. Il était extrêmement corpulent, et on disait que son teint ne ressemblait à rien d'autre qu'au suif. Il avait des mains en forme de griffes, des sourcils gris touffus et de fins cheveux gris, mais partout où il allait dans la société, il était sûr d'être le centre d'un groupe de femmes admiratives. Il ne fascinait pas par sa laideur, mais malgré elle. Il y avait assez dans le charme subtil de ses manières et dans le déroulement mélodieux de sa conversation pour compenser toutes les déficiences extérieures.

Liszt n'était pas un bel homme, bien au contraire ; pourtant, aucun autre homme n'a probablement jamais exercé une influence plus magnétique et plus puissante sur les femmes. Même lorsqu'il était devenu maigre et vieux, ses yeux éteints, ses cheveux blonds blancs comme neige, sa silhouette mince et maigre enveloppée dans une robe sacerdotale noire, il était suivi partout par un cortège de belles admiratrices.

Chauteaubriand savait charmer à quatre-vingt-quatre ans, l'abbé Liszt à soixante-quinze ans, et Aaron Burr, qui n'était pas du tout beau, avait à soixante-dix ans un charme de manières irrésistible.

Le fait est qu'on ne se souvient pas d'une demi-douzaine d'hommes très talentueux qui étaient admirés pour leur beauté personnelle. Pope a été très clair ; Le Dr Johnson n'allait pas mieux ; Mirabeau était « l'homme le plus laid de France », et pourtant il était le plus grand favori du beau sexe.

Ces exemples ne sont pas cités pour prouver que les femmes ne se soucient pas de la beauté physique des hommes. Au contraire, c'est une très forte attraction, mais ce n'est pas le facteur le plus puissant pour les retenir. Les femmes apprécient plus souvent les hommes que les femmes pour leurs remarquables qualités d'esprit. Une perfection de la beauté physique s'associe rarement à une grande capacité mentale chez les deux sexes, mais il y a néanmoins eu quelques exceptions notables, notamment chez les femmes, et chaque jolie femme qui lit ceci peut se considérer comme l'une de ces exceptions.

En général, celui qui plaît est celui qui comprend. Peu importe pour une femme qu'un homme ait de grandes et brillantes pensées, s'il comprend ses désirs et ses sentiments, ainsi que ses pensées. Il devrait, s'il veut plaire, étudier attentivement cette chose mystérieuse et complexe qu'est la nature de la femme. Il doit comprendre qu'il s'agit d'une fibre plus fine que la sienne ; qu'il est sensible et facilement blessé. Il devrait avoir du sentiment, mais pas être sentimental. Il sera en effet sage s'il sait tracer habilement la frontière entre les deux choses. "Le sentiment est divin : le sentimentalisme est absurde." Il doit pouvoir dire beaucoup de choses en peu de temps et il ne doit pas être bavard. Une femme qui parle trop devient ennuyeuse ; un homme qui parle sans but est un ennui intolérable pour les deux sexes.

Peu d'hommes comprennent une femme. Ils ne considèrent pas les choses de son point de vue et, par conséquent, ne se rendent pas compte à quel point la vie civilisée lui a permis d'assumer ces conventions de manières et ces civilités de discours qui sont, dans une certaine mesure inoffensive, hypocrites. Il ne pouvait en être autrement. Son idéal d'homme est très élevé, mais elle le rencontre rarement, elle accepte donc celui qui se rapproche le plus de son idéal et profite au maximum de la situation. Elle voudrait qu'il soit différent, mais une femme peut aimer malgré beaucoup de choses. Habituellement , elle est obligée de le faire si elle veut aimer. Elle est bien plus douée pour faire l'amour qu'un homme. "C'est une artiste là où lui est un ouvrier grossier, et elle ne traverse pas une scène d'amour sans se rendre compte à quel point elle aurait pu mieux le faire si le rôle titre lui avait été confié."

Si c'est une femme sensible, elle est choquée par cent habitudes désagréables que beaucoup d'hommes croient justifiables. Elle est repoussée par les manières maladroites, les manières de parler grossières, par l'insouciance de la personne et de la tenue vestimentaire, et pourtant, malgré cela, elle aime.

L'amant qui réussit le mieux à conserver l'affection d'un amoureux ou d'une épouse est celui qui exprime sans cesse l'amour et la tendresse qu'il ressent. Les femmes, plus que les hommes, aiment entendre parler de choses. Ils sont bien plus conscients de la valeur des bagatelles et plus sensibles aux changements d'humeur. Ils ont tendance à dire de bien des manières, avec de délicates variations, ce qu'un homme se contente de dire une fois pour toutes, même mal.

Un homme croira en l'amour d'une femme et se contentera de beaucoup moins de signes visibles qu'il n'en faut pour confirmer sa tendresse et l'en convaincre.

La vérité est que le pouvoir de plaire d'un homme ne dépend pas d'une qualité occulte dont on ne peut rendre compte, mais du degré dans lequel il possède certaines qualités attractives – innées ou acquises. Nous n'avons aucune difficulté à comprendre chacune de ces qualités, mais lorsqu'un homme en possède une combinaison telle qu'elle lui donne droit au terme de « fascinant », nous le déclarons incompréhensible et nous nous rabattons sur ce terme vague de « magnétisme personnel ». "

Les éléments personnels qui favorisent le plus notre influence sur autrui sont, au sens large : les bonnes manières, une voix agréable, la capacité de bien converser, la propreté personnelle, le goût vestimentaire, le tact, les bonnes mœurs, la culture et le raffinement, la beauté physique. , et la force intellectuelle. Nous sommes agréables ou offensants dans la mesure où nous possédons ces caractéristiques très désirables et, peut-être, ce que nous appelons « magnétisme personnel » est simplement le résultat d'un développement bien équilibré de certaines, ou de la totalité, de ces caractéristiques enviables.

LA FEMME QUI CHARME.

Regardez cette femme. Il n'y a ni beauté, ni paroles brillantes, ni puissance distinguée pour vous servir ; mais tous la voient avec plaisir ; tout son air et son impression sont sains. Les manières demandent du temps, car rien n'est plus vulgaire que la hâte.

EMERSON.

Possédé d'une grâce si douce et souveraine,
D'une présence et d'un discours si enchanteurs.

COMÉDIE DES ERREURS.

C'est une dame des plus exquises.

OTHELLO.

Est-ce la belle femme ? Oui, parfois, mais pas toujours. La beauté est toujours attirante, mais la belle femme a le même avantage que celui que possède le bel homme : elle attire immédiatement l'attention sur elle. Si elle ne peut compter que sur sa beauté, elle ne retient pas l'attention.

C'est Balzac qui nous a rappelé que presque tous les attachements les plus célèbres de l'histoire ont été inspirés par des femmes chez lesquelles présentaient des défauts physiques notables. Mme. de Pompadour, Jeanne de Naples, Cléopâtre, La Vallière, en effet presque toutes les femmes qu'un amour romantique a revêtues d'une auréole d'intérêt, n'étaient pas sans imperfections et même sans infirmités, tandis que presque toutes les femmes dont la beauté nous est décrite comme parfaits, ont été finalement malheureux dans leurs amours.

« Peut-être, dit Balzac, les hommes vivent de sentiment plus que de plaisir. Peut-être que le charme tout physique d'une belle femme a ses limites, tandis que le charme essentiellement moral d'une femme de beauté moyenne peut être infini.

Que cela soit vrai ou non, les femmes surestiment sûrement l'influence de la simple beauté physique pour attirer et retenir les hommes. Madame de Staël , dont on connaît la domination sur le cœur de tous ceux qu'elle côtoyait, déclarait qu'elle renoncerait volontiers à tous ses dons de personne et à tout son savoir, si elle pouvait recevoir en échange de la beauté. C'était une chance pour elle que son souhait n'ait pas été exaucé, car si cela avait été le cas, elle aurait probablement vu son royaume lui échapper. Même si elle n'avait pas un beau visage, elle possédait des caractéristiques physiques et des traits personnels qui la rendaient absolument fascinante.

Pour un homme sensé, rien n'est aussi insipide qu'une beauté vaine, sans cervelle, sans tact, dont les opinions ne sont que des échos, et qui s'imagine que sa beauté seule le tiendra enchaîné à son char.

La beauté dure un certain temps, mais une fois que les yeux d'un homme sont satisfaits, il doit se divertir, et la fille simple qui possède de l'intelligence et du tact n'a pas besoin d'avoir peur de sa plus belle rivale. Les recherches modernes ont prouvé que ni Sappho, ni Aspasie, ni même Cléopâtre n'étaient des femmes qui auraient attiré une attention particulière en raison de leur beauté physique. Leur plus grand charme était intellectuel : la possession d'une « immensité à donner », comme l'exprime Plutarque, sous forme de grâce et d'accomplissement.

L'idée selon laquelle les filles ordinaires peuvent être gaspillées en tant que « bénédictions inappropriées » n'est étayée par aucune preuve, car nous rencontrons constamment des épouses bien plus simples que la majorité des femmes célibataires de notre connaissance ; et il arrive fréquemment qu'un homme qui a une femme physiquement belle, s'éprend d'une femme extrêmement simple qui possède une certaine qualité de convivialité, un trait d'adaptabilité qui lui manque chez sa partenaire.

Un auteur de *Lippincott dit* : « On peut généraliser sans risque de se tromper qu'une fille simple, toutes choses étant égales par ailleurs, aura probablement moins d'offres qu'une jolie fille, mais aura autant de chances de recevoir celle qui lui fera plaisir. une épouse heureuse. Mais toutes les autres choses (sauf le don de la beauté) sont rarement égales entre la fille simple et la jolie fille ; par la loi naturelle de compensation, la fille simple a soit une capacité inhérente, soit une capacité acquise qui manque à l'autre. , qui affirme son charme au fur et à mesure de la connaissance. La Belle n'a que le départ dans la course."

Il arrive fréquemment que la belle commette l'erreur de s'attendre à être divertie par ses admirateurs et de ne pas s'efforcer de plaire. La jeune fille simple, cependant, est souvent supérieure en tact , car étant obligée d'étudier de près la nature humaine afin de tirer le meilleur parti de la compagnie, elle apprend à s'appuyer sur cette connaissance dans ses efforts pour plaire. Elle n'est pas éblouie par l'admiration et n'est pas non plus indûment sûre, lorsqu'elle l'obtient, qu'elle la conservera.

Mme. Hading , qui est une femme d'une beauté saisissante et qui, par conséquent, peut parler de beauté sans tomber dans le soupçon, a dit un jour :

"Une femme est bien malheureuse qui n'a que la beauté pour assurer sa réussite. Il y a d'autres choses supérieures à la beauté. Le goût, le bon goût, l'intelligence, le tact, la santé, voilà les choses qu'une femme doit avoir pour tenir les gens. Et puis là sont de bonnes manières si rares et pourtant si faciles à cultiver. Être raffiné, être doux, être aimable, être charitable en pensée et en parole, être intelligent, c'est être charmant, malgré un corps peu attrayant et un corps peu attrayant. visage laid. Être bien né, c'est en effet être béni, mais s'élever au-dessus de la basse naissance est sublime. Le plus grand peintre de l'époque ne pouvait faire qu'une caricature de visage pour l'impératrice Joséphine, et pourtant la douceur de son sourire et le charme de ses manières agréables et gracieuses a immortalisé son nom. Il y a d'autres fins au bonheur que la simple richesse ; il y a des choses plus douces dans le visage d'une femme que la beauté.

Encore une fois, la femme qui charme n'est pas forcément jeune. L'histoire regorge de récits de femmes qui ont été fascinantes au-delà de la quarantaine. L'amour le plus vrai et le plus fort n'est pas toujours inspiré par la beauté de vingt ans. L'enthousiasme suscité par les seize ans n'est pas soutenu par la vieille expérience qui enseigne que la plus haute beauté ne se trouve pas dans l'immaturité. Louis XIV. épousa Mme. Maintenon lorsqu'elle avait quarante-trois ans. Catherine II. de Russie avait trente-trois ans lorsqu'elle s'empara de l'Empire de Russie et captiva le fringant jeune général Orloff. Même jusqu'à sa mort, à soixante-sept ans, elle semblait avoir conservé le même pouvoir envoûtant, car les lamentations étaient sincères parmi tous ceux qui l'avaient connue personnellement.

Cléopâtre avait largement plus de trente ans lorsqu'Antoine tomba sous son charme, qui ne se démentira pas jusqu'à sa mort, près de dix ans plus tard.

Livie avait trente-trois ans lorsqu'elle conquit le cœur d'Auguste, sur lequel elle maintint son ascendant jusqu'au dernier. Aspasia n'épousa Périclès qu'à l'âge de trente-sept ans et, pendant plus de trente ans, elle fut considérée comme l'une des femmes les plus fascinantes de son temps. Ninon de l'Enclos , l'esprit le plus célèbre de son temps, fut l'idole de trois générations de la jeunesse dorée de France, et elle avait soixante-douze ans lorsque l'abbé de Berais tomba amoureux d'elle.

Hélène de Troie, la célèbre beauté grecque, avait plus de quarante-cinq ans lorsqu'elle a participé à la fugue la plus célèbre de l'histoire ; et comme le siège de Troie dura dix ans, elle devait avoir au moins cinquante-cinq ans lorsque le malheur de Paris la rendit à son mari, qui, dit-on, l'avait reçue avec un amour et une gratitude incontestés. Mlle. Mars, la célèbre actrice, était la plus jolie à quarante-cinq ans, et Mme. Récamier était au zénith de sa beauté et de son pouvoir de plaire entre trente-cinq et cinquante-cinq ans. Diane de Poitiers avait plus de trente-six ans lorsque Henri II, alors duc d'Orléans, et à peine la moitié de son âge, s'attacha à elle, et elle fut considérée comme la première dame et la plus belle femme de la cour jusqu'à l'époque de la la mort du monarque et l'accession au pouvoir de Catherine de Médicis.

L'idée commune selon laquelle la beauté mature de quarante ans est moins fascinante que celle de la jeune fille de dix-sept ou dix-huit ans est sans fondement. Par beauté, on n'entend pas seulement des traits bien formés et un teint frais – ces choses que même les poupées possèdent. Malgré le teint rose et frais que la nature confère à la jeunesse, l'âge le plus favorable et le plus riche d'une femme se situe en réalité entre trente-cinq et quarante-cinq ans, et parfois bien au-delà de cette période.

Personne n'oserait dire quel âge a Madame Patti. Tous ceux qui la rencontrent s'exclament devant sa merveilleuse jeunesse et sa vivacité. L'explication de Patti sur ses yeux brillants, sa peau lisse et son expression heureuse est donnée en quelques mots : "J'ai gardé mon sang-froid. Aucune femme ne peut rester jeune si elle s'emporte souvent."

À mesure qu'une femme grandit, elle devrait devenir plus attirante à certains égards qu'elle ne l'était dans sa jeunesse. Une des choses les plus nécessaires pour atteindre ce résultat est une bonne santé. Des muscles fins, une peau saine et éclatante, des yeux brillants d'énergie et d'ambition : voilà une base précieuse pour la femme qui veut être attirante. La femme qui, à un certain âge, se considère *dépassée*, commet une grave erreur. Si elle se considère ainsi ; si elle pense avoir dépassé le temps où elle pouvait être intéressante, les autres risquent fort de la trouver peu attrayante. Une femme devrait sûrement être plus intéressante après avoir quitté la période de l'enfance. Elle devrait pouvoir mieux converser, elle devrait posséder plus de sagesse, plus de tact, une plus grande connaissance de la nature humaine ; et elle devrait avoir plus de repos, plus de grâce dans ses manières. En effet, elle devrait avoir toutes ses réalisations bien en main, et être plus facile à les utiliser pour le plaisir des autres ; et elle pourra les utiliser à meilleur profit si elle a cultivé la placidité d'humeur, la sympathie humaine et la générosité, et si elle ne néglige pas son apparence personnelle. Il arrive fréquemment que les femmes qui ont atteint la quarantaine négligent bon nombre des aides à la beauté physique qu'elles suivaient autrefois attentivement. Ils ne se soucient pas de leur tenue vestimentaire et en viennent à estimer qu'il est excusable de se passer de ces accessoires de toilette simples et nécessaires qui contribuaient autrefois à les rendre si délicieusement frais et si délicats. Ils s'habituent à penser que le désordre doit nécessairement être associé à une corvée. Mais de nos jours, il devient de plus en plus possible d'emporter partout avec nous l'élément de raffinement et de beauté.

Beaucoup de femmes pourraient paraître beaucoup plus belles, plus délicates qu'elles ne le paraissent, si elles n'étaient pas habituées à penser qu'une certaine hospitalité, et même une négligence vestimentaire, sont tout à fait excusables et, en fait, presque inséparables de la vie quotidienne du travail. À mesure que nous vieillissons, il devient de plus en plus nécessaire que nous prenions soin de toujours présenter cette apparence de propreté personnelle qui ne manque jamais d'attirer ceux avec qui nous entrons en contact.

L'un des éléments les plus puissants qu'une femme puisse posséder pour attirer l'autre sexe est un intérêt sympathique pour le travail d'un homme. C'est ce qui a attiré le Dr Schliemann, célèbre érudit et explorateur grec, vers la jeune femme qu'il a épousée. Elle connaissait l'Iliade et l'Odyssée et était passionnée par la découverte des anciennes cités d'Homère.

Les hommes aiment que les femmes s'intéressent aux choses qui les intéressent elles-mêmes.

Celui qui a lu "Soldiers of Fortune" de Richard Harding Davis se souviendra peut-être que Clay aimait beaucoup Miss Langham. Sa première déception à son égard lui vint lorsqu'il découvrit son manque d'intérêt pour son travail d'ouverture des mines de fer en Amérique du Sud. La sœur cadette de Miss Langham, Hope, était, d'autre part, extrêmement intéressée par les mines, fit une étude approfondie des méthodes d'exploitation minière et, lorsqu'elle, avec les autres membres de la famille, visita les lieux des opérations d'ingénierie de Clay, c'était elle qui attirait l'attention de Clay sur elle par des questions intelligentes et des remarques suggestives. Il était ravi d'elle, l'admirait, tombait amoureux d'elle, puis l'épousait. Ce jour aux mines marqua le début de la fin du vieil amour et le réveil du nouveau.

Pour intéresser les hommes, une femme doit, en lisant les journaux, acquérir et être capable d'exprimer une idée assez claire de ce qui se passe dans le monde. Elle doit déterminer ce qui présente un intérêt particulier pour l'homme particulier qu'elle souhaite attirer et, que le sujet soit la politique, les affaires, les sports de plein air, l'art, la science ou la littérature, elle doit être capable d'apporter quelque chose dans une conversation sur ce sujet. ce sujet est plus intéressant qu'un simple oui ou non.

De même que c'est l'homme viril qui gagne et satisfait une bonne femme, de même c'est la femme féminine qui plaît et conserve l'estime de l'homme estimable.

Les hommes aiment la femme féminine. Elle n'a pas besoin d'être douce ou idiote, faible ou nerveuse ; elle peut être forte, vigoureuse, résolue et courageuse. Un homme a peu de sympathie pour la fille qui imite les hommes, que ce soit dans leur tenue vestimentaire, dans leurs manières ou dans leur conversation. Si un homme féminin ne plaît à aucun des deux sexes, que dirons-nous d'une femme masculine !

Il exprime parfaitement le point de vue de l'écrivain qui disait : « Une femme parfaite peut être adorable ; une femme parfaite serait au-delà de toute endurance. » Pourtant, aussi irréligieux qu'un homme puisse être lui-même, il n'aime toujours pas l'irrévérence chez une femme. Il souhaite et s'attend à ce que sa femme soit meilleure que lui et, en général, elle l'est.

Les hommes n'aiment pas la femme trop habillée, celle qui va à l'extrême d'une mode et un peu plus loin. Il n'aime pas le prix des vêtements, mais il est toujours attiré par la fraîcheur et la délicatesse.

Le sens de l'humour est un don précieux chez une femme qui souhaite plaire. Les hommes aiment les filles qui voient le côté drôle des choses ; qui peut les faire rire ; qui peut être spirituel sans être sarcastique ; qui peut plaisanter et ne pas être méchant ; qui peut raconter des expériences humoristiques sans dire des choses calculées pour mettre les autres mal à l'aise.

Un homme aime une femme qui le divertit et l'amuse. Les jeunes filles s'étonnent souvent que l'une d'entre elles soit si populaire parmi les hommes. Ils savent qu'elle n'est pas aussi jolie que des dizaines d'autres filles. Elle n'est pas aussi richement habillée qu'eux, mais lors d'une fête, elle sera entourée d'une demi-douzaine de jeunes hommes tandis qu'ils seront négligés et seuls. Elle doit, concluent-ils, avoir cette qualité indéfinissable de magnétisme, et c'est tout ce qu'on peut en dire, et ils ne pourraient pas découvrir le secret s'ils essayaient. Mais il n'y a probablement aucun secret à ce sujet. Bien qu'elle ne soit pas jolie et ne possède pas une grande quantité d'informations, elle a du tact et une vivacité d'esprit rapide et électrique qui agit comme une brise sur les eaux paresseuses, provoquant des ondulations de plaisir et de rire, et produit ainsi un sentiment exaltant. effet sur tout autour d'elle.

Beaucoup de jeunes hommes, s'ils sont timides ou maladroits, se sentent peut-être un peu déplacés. Ils savent à peine quoi faire ou dire, mais cette fille en particulier les réveille et ils se retrouvent à rire et à parler avec une facilité étonnante. Elle sait comment les mettre à l'aise, comment les attirer, et lorsqu'ils s'associent avec elle , ils deviennent inhabituellement exaltés, et il n'est pas du tout étrange que, dans chaque compagnie, ils recherchent avidement sa présence.

Si, à en juger par les descriptions et les représentations que nous avons d'elle, Cléopâtre n'était en rien belle, il n'y a aucun mystère quant à sa fascinante influence sur les hommes.

"Elle avait", a déclaré un écrivain du *Boston Herald*, "des conquérants romains blasés, des hommes rassasiés de toutes les formes de simple plaisir animal. Il n'y avait plus de piquant dans quoi que ce soit; tous étaient pâles et rassis sur leurs palais écoeurés. Mais dans Cléopâtre, il y avait toujours quelque chose de frais, d'inattendu, de parfaitement original !

"Il n'est pas étonnant que les spectateurs s'écrient : 'L'âge ne peut pas flétrir ni la coutume altérer son infinie variété.' Qu'avait-elle à craindre de la rivalité de la simple jeunesse et de la beauté, tant que son esprit agile était fertile, comme les crues du Nil, en récoltes successives, dans la seule qualité pour laquelle ses amants étaient prêts à prodiguer des royaumes, à savoir « une variété infinie ». '"

Pour revenir à la définition de la fascination personnelle donnée au chapitre précédent, nous répétons qu'elle consiste « dans le pouvoir d'exciter chez une autre personne des sentiments heureux d'un haut degré d'intensité, et de lui faire identifier ces sentiments avec le charme et le charme ». puissance de leur cause chérie. »

Il peut exister une « qualité indéfinie du magnétisme » qui attire les gens vers le possesseur, qu'ils le veuillent ou non ; mais il y a beaucoup de personnalités qui sont charmantes parce qu'elles ont voulu l'être, parce qu'à force de persévérance, elles ont acquis ces caractéristiques qui leur permettent de plaire et de charmer tous ceux avec qui elles entrent en contact.

L'ART DE CONVERSER.

" *Bien que la conversation, dans sa meilleure partie,*
puisse être considérée comme un don et non comme un art, pourtant beaucoup dépend,
comme dans le travail du laboureur, de la culture et de l'ensemencement du sol. "

COWPER.

Dans tous les pays où l'intelligence est appréciée, le talent pour la conversation figure en bonne place parmi les réalisations. Habiller les pensées dans un langage clair et élégant et les transmettre de manière impressionnante à l'esprit d'autrui n'est pas une réussite courante.

MME SIGOURNEY.

L'homme ou la femme qui est un causeur intelligent et plein de tact maîtrise l'un des éléments les plus essentiels d'un discours agréable. Même si nous pouvons tous avoir certains défauts que nous ne pouvons pas complètement surmonter, même si nous essayons sérieusement, nous pouvons, si nous le voulons, reformuler notre conversation. Nous pouvons nous entraîner de telle sorte que la bonhomie, la considération et la bienveillance aient toujours leur place dans nos relations avec les autres. Nous pouvons, si nous le voulons, utiliser un bon anglais, et nous pouvons éviter la tentation, si courante, de parler de personnes plutôt que de choses. Théoriquement, nous méprisons les commérages ; en pratique, la plupart d'entre nous ajoutent leur acarien au fonds commun. Nous ne pouvons pas être de mauvaise humeur, et la douce charité qui « ne pense pas au mal » peut avoir une demeure dans nos cœurs ; mais parfois, si nous n'y prêtons pas attention, il peut s'endormir et l'amertume ou l'esprit de méchanceté remontent furtivement à la surface.

Nous pouvons, si nous le voulons, être intellectuellement honnêtes – une sorte d'honnêteté qui est effectivement rare. La principale raison pour laquelle les discussions et les discussions conduisent à tant d'insatisfaction et de ressentiment de la part des parties en conflit est le manque de cette qualité.

Deux hommes sont engagés dans une conversation et une question de croyance religieuse ou de politique est mise au premier plan. Chacun prend parti dans la discussion et maintient ses opinions jusqu'au bout. Ni l'un ni l'autre ne cherche la vérité, mais s'empresse de défendre sa version de la question contre les attaques de son adversaire. Il ne lui vient pas non plus à l'esprit que quoi que ce soit d'autre puisse être la vérité, sauf ce qu'on lui a appris à croire. Pour tous deux, la vérité prend simplement la forme de leurs propres opinions ; et comme ils sont très fermement attachés à leurs opinions, ils ne remettent jamais en question son propre dévouement à la vérité. On ne peut guère dire que de telles personnes utilisent leur esprit, car leur pensée a été faite par quelqu'un d'autre. Beaucoup d'hôtesses sont obligées de séparer avec tact les invités agressivement argumentatifs et querelleurs, qui n'ont jamais appris que les autres ont un droit égal à leurs propres opinions, et que chaque dîner n'est pas l'occasion appropriée de se lancer dans une discussion animée dans l'espoir de changer l'avis d'autrui. vues.

Encore une fois, nous pouvons tous éviter l'habitude de l'exagération – une faute qui ne se fait pas appeler elle-même sous le nom de « mensonge », mais qui s'en rapproche dangereusement. Un homme entend quelque chose, assez vrai dans sa forme originale, mais il le transmet avec un petit ajout qui lui est propre. Celui à qui il le raconte y ajoute sa touche d'exagération, jusqu'à ce que, finalement, la déclaration soit si gonflée et déformée qu'elle véhicule autre chose que la vraie vérité. Il serait difficile d'accuser qui que ce soit de prévarication délibérée. Le résultat est une sorte de mensonge accumulé, fait d'apports individuels successifs de petits traits d'exagération. Des milliers de personnes, qui ne seraient jamais coupables d'avoir inventé une histoire entière dénigrant la réputation d'autrui, contribuent constamment à la formation de ces mensonges accumulés, dont les résultats sont tout aussi mauvais que s'ils étaient conçus et concoctés par une seule personne.

Nous pouvons mettre en valeur un joli sens de l'honneur dans notre conversation. De cent manières différentes, cet attribut le plus approprié de la vraie femme et du vrai gentleman est souvent mis à l'épreuve. On se souvient qu'il est tout aussi facile d'être mal élevé dans ses paroles que dans sa conduite.

Il y a des hommes et des femmes qui, lors d'un dîner, ne transgresseraient en aucun cas les règles de l'étiquette à table, mais qui peuvent offenser tout aussi grossièrement par un usage irréfléchi ou intempérant des mots. Ils ne peuvent pas se passer de la fourchette, mais ils blessent le cœur par des paroles méchantes. Ils peuvent observer toutes les commodités, depuis la fourchette à huîtres jusqu'au bol, mais ils offensent certains membres de l'entreprise par des sarcasmes ou des insinuations personnelles. Ils ne peuvent pas égarer ou abuser de la serviette, mais ils peuvent mettre l'ensemble de l'assemblée mal à l'aise en refusant de céder, dans leur argumentation, au plus grand poids des preuves ; ou en surchargeant une histoire de détails sans importance. Ils peuvent être scrupuleusement soignés et avoir un comportement facile et gracieux, mais ils n'ont peut-être jamais appris l'art doux de garder un bon caractère lorsqu'ils sont critiqués ou confrontés à une contradiction.

Ces mots très suggestifs sont apparus dans « The Churchman » : « C'est presque une définition d'un gentleman de dire qu'il est quelqu'un qui n'inflige jamais de douleur. Le vrai gentleman évite soigneusement tout ce qui pourrait provoquer un choc ou une secousse dans l'esprit de ceux qui souffrent. il est choisi. Il a les yeux rivés sur toute sa compagnie ; il est tendre envers les timides, doux envers les lointains et miséricordieux envers les absurdes. Il évite les allusions déraisonnables sur des sujets qui peuvent irriter ; il est rarement important dans la conversation, et jamais ennuyeux. Un autre trait délicieux en lui est qu'il prend à la légère les faveurs lorsqu'il les accorde, et semble recevoir lorsqu'il discute. Il ne parle jamais de lui-même sauf lorsqu'il y est contraint, ne se défend jamais par une simple réplique. Il est à l'écoute des calomnies et des commérages ; il prête scrupuleusement des motifs à ceux qui interfèrent avec lui et interprète tout pour le mieux. Il n'est jamais méchant ou petit dans ses disputes, n'insinue jamais de mal qu'il n'ose dire. Il a trop de bien. il a le sens d'être offensé par les insultes et est trop bien employé pour se souvenir des blessures. Il peut avoir raison ou tort dans ses opinions, mais il est trop lucide pour être injuste. Il est aussi simple que énergique, et aussi bref que décisif. »

Le causeur divertissant n'est pas nécessairement un grand causeur ; il sait souvent écouter. Il comprend qu'une histoire brillante, racontée brièvement, amusera, mais que les gens s'ennuient devant une longue histoire, remplie de détails inutiles. Il n'est pas nécessairement érudit ou profond. Il comprend que les petits changements ont autant d'importance dans les relations sociales qu'entre les hommes d'affaires. " Bien que dépréciés par certains sages comme vains et frivoles ", dit le *Zion's Herald* , " les bavardages ont une fonction légitime dans les rapports humains. C'est la petite pièce de monnaie de la conversation. Ceux qui méprisent son utilisation s'en sortent souvent aussi mal dans la vie sociale que les autres. » serait le commerçant qui exclurait les pièces de dix sous et de quarts de son tiroir à argent. Sans eux, les rouages du commerce seraient bloqués. Un bon vieux sou en cuivre fera souvent tourner le coin d'une bonne affaire. Le bavardage facilite la conversation. La camisole de force est enlevée, les forces mentales jouent pleinement, l'homme agit lui-même et la communication d'âme à âme devient libre et délicieuse. Avec les bavardages, il est familier et peut les lancer comme un jongleur avec ses cartes. Le philosophe, avec ses phrases savantes et exactes, étouffe aussitôt le flux de l'âme.

Les hommes et les femmes ne sont pas strictement originaux. Les choses que nous disons aujourd'hui ont été tout aussi bien dites mille fois auparavant ; mais cela ne constitue pas une raison pour que nous ne les répétions pas. Les pièces de monnaie dans votre bourse ont traversé cent mains et n'en sont pas moins utiles pour vous servir à nouveau.

La camaraderie appréciée plutôt que la réserve de sagesse communiquée est la fin de la conversation. Qu'ils disent quelque chose d'important ou non, nous aimons entendre certaines personnes parler ; ils nous inspirent et mettent en mouvement notre propre machinerie mentale. Les bavardages nous mettent souvent plus facilement en contact avec une autre âme.

Tous les bons causeurs connaissent l'utilité des bavardages. Certes, ils savent quelque chose de plus, quelque chose de plus grand et de meilleur, mais les lacunes du sujet plus vaste sont merveilleusement comblées par une interpolation familière de choses plus petites d'une manière bavarde. Beaucoup d'hommes sages et instruits seraient plus à même de parler s'ils avaient à portée de main une réserve de petites pièces de monnaie. Il peut parler extrêmement bien sur des sujets sérieux et obscurs, mais les plaisanteries rapides et les réparties faciles du salon et de la salle à manger le dépassent. Il est, malgré ses connaissances érudites, désavantagé dans la société, où il n'y a pas de temps pour les homélies ou pour les traités sur des sujets érudits. Les personnes moins douées discutent, rient et passent un bon moment pendant qu'il est assis dans un silence sombre. Ceux qui veulent plaire et être satisfaits dans les relations sociales doivent emporter avec eux et être prêts à dispenser le petit changement de conversation légère et spirituelle.

Pour être populaire en société, découvrez si votre compagnon préfère parler ou écouter ; évitez les personnalités; essayez de diriger la conversation vers des sujets familiers et intéressants pour les autres plutôt que de vous plaire particulièrement ; ne vous livrez jamais au sarcasme ; être de bonne humeur et sympathique ; efforcez-vous de faire preuve de tact; échanger de petites courtoisies; parlez à tous avec la même attention et le même intérêt, et quel que soit le sujet de la conversation, ou où que vous soyez, paraissez joyeusement satisfait. Acquérez, puis exposez, cette adaptabilité au lieu et aux personnes qui conduit toujours à une compagnie reconnaissante et agréable.

William Mathews écrit dans *Success* : « La conversation régit le destin de l'État et de l'individu ; depuis la diplomatie, qui est essentiellement l'art de converser habilement sur des thèmes politiques, jusqu'aux transactions quotidiennes du marché et de la bourse, son empire est évident. à tous.

"Telle étant la puissance et l'importance de la conversation, pourquoi si peu d'attention est-elle accordée aujourd'hui à sa culture ? Pourquoi tant d'hommes instruits, pointilleux sur leur apparence personnelle et accordant à leur corps les soins les plus attentifs, sont-ils pourtant disposés à envoyer leurs esprits à l'étranger dans un état de négligence, quelle que soit l'impression qu'ils font ? »

BON ANGLAIS.

Nous devons faire autant attention à nos paroles qu'à nos actes.

CICÉRON.

Un accomplissement, dans son sens accepté, est « quelque chose d'acquis qui perfectionne ou complète ; un accomplissement qui tend à doter le caractère, les manières ou la personne, et qui donne du plaisir aux autres ».

Il est donc certain que l'homme ou la femme qui désire plaire ne peut pas posséder trop de qualités ; et, en acceptant la définition qui vient d'être donnée, existe-t-il une autre réalisation plus importante que la facilité à parler et à écrire sa langue maternelle avec aisance et élégance ? Existe-t-il un autre test culturel aussi concluant que celui-ci ? N'est-ce pas la question, et surtout la manière de parler, plus que toute autre chose, qui impressionne la personne que nous rencontrons pour la première fois, soit favorablement, soit défavorablement par rapport à nos connaissances ? Nous n'avons peut-être que peu d'occasions au cours de notre vie de démontrer nos connaissances en géométrie, en algèbre ou en astronomie ; nous pouvons passer des semaines en compagnie d'autres personnes sans leur donner l'occasion de soupçonner que nous possédons la moindre connaissance du latin ou du grec, mais tant que nous vivons, et chaque jour de notre vie, nous donnons des preuves de facilité ou de maladresse dans l'usage de notre langue maternelle.

Combien de temps est perdu à pratiquer sur des instruments de musique qui ne réagissent pas – qui ne réagissent pas parce qu'ils ne sont pas touchés par des doigts sympathiques ! Combien de temps faut-il consacrer à l'acquisition d'une légère connaissance du français et de l'allemand, qui se traduit généralement par une capacité à utiliser quelques phrases simples, et à traduire des phrases faciles à l'aide d'un dictionnaire ! Combien de jeunes femmes, sans aucune capacité artistique, passent des semaines et des mois sous l'instruction de professeurs dans de vaines tentatives pour produire à l'huile ou à l'aquarelle quelque chose digne d'être appelé tableau ! Combien plus avantageux pour ces jeunes femmes si une partie de ce temps était consacrée à mieux comprendre l'usage de l'anglais !

L'écrivain a connu un jour une jeune fille qui, après avoir joué un morceau au piano, quittait la pièce et fondait en larmes parce qu'elle s'était rendue coupable d'une légère erreur dans son exécution, erreur que deux des vingt personnes rassemblées dans le salon n'ont pas remarquées. . Cette même fille, cependant, montrait habituellement une insouciance dans la prononciation et une ignorance de la grammaire anglaise dont elle aurait dû avoir profondément honte, et qui causait bien plus de contrariété à ses amis que ses bévues en musique.

Les garçons et les filles devraient être entraînés à sentir qu'il est aussi déshonorant pour eux de confondre les parties du discours dans une conversation, que de créer des discordes dans la musique, ou de terminer un tableau à partir d'un dessin, ou de se rendre coupables de quelque inadvertance. manière. Il faut leur faire sentir que la maîtrise de la musique, du français, de l'allemand ou de la peinture, ou de tout autre accomplissement, ne compensera pas la négligence de la diction.

S'adressant à une école de filles, Mgr Huntington a dit un jour : « Il n'existe probablement pas un seul instrument d'usage courant, depuis le crayon jusqu'au piano, qui soit utilisé aussi imparfaitement que le langage . soyez prudent d'offrir une médaille d'or comme prix à toute jeune femme ici qui ne prononcera pas, avant demain soir, une phrase impossible à analyser ; ne mettra pas de singuliers et de pluriels dans des connexions interdites ; ne laissera tomber aucune particule, double non. négatifs, ne mélangez pas de métaphores, n'emmêlez pas de parenthèses ; ne recommencez aucune affirmation deux ou trois fois sans la terminer ; et ne construisez pas une seule fois une proposition de cette manière :

"Quand une personne parle comme ça, elle devrait en avoir honte."

Ce sont des déclarations franches à adresser à une classe de jeunes filles ; mais l' implication de l'évêque serait tout aussi vraie, non seulement dans le cas en question, mais aussi dans un grand nombre d'écoles secondaires, de séminaires et de collèges de ce pays. Une telle accusation contre les autres branches d'études pratiques ne pourrait certainement pas être formulée et soutenue.

Lorsque James Russell Lowell a déclaré : « Nous sommes les personnes les plus scolarisées et les moins instruites du monde », il aurait pu ajouter que cette déclaration s'appliquait particulièrement à nos habitudes d'utilisation ou d'abus de notre langue maternelle.

Cette indifférence générale à l'égard du bon anglais n'est pas, dans la plupart des cas, le résultat d'un manque de connaissances, car presque toutes les écoles consacrent suffisamment de temps à l'étude de la grammaire technique pour permettre à l'élève de se familiariser à fond avec les principes qui régissent l'anglais. l'usage de notre langue.

C'est parce que beaucoup de personnes, n'ayant pas acquis l'habitude de parler correctement, ne pensent pas à appliquer les règles de grammaire dans la conversation. Si les enfants étaient habitués dès l'enfance à n'entendre qu'un anglais correct, il n'y aurait que peu de besoin de mémoriser des règles arbitraires de grammaire, car ils parleraient et écriraient correctement par habitude. C'est ainsi que les enfants de parents instruits sont généralement si faciles et si gracieux dans leur conversation, contrairement aux enfants de parents sans instruction. Notre langage, comme nos manières, est emprunté à ceux avec qui nous nous associons.

Plusieurs autres nations sont bien en avance sur la nôtre dans la rigueur avec laquelle leurs jeunes sont formés à l'usage de la langue.

En France, la connaissance de la langue française, parlée et écrite, est considérée comme revêtant une importance particulière. Dans tous les examens d'entrée ou de promotion ou d'obtention du diplôme, la connaissance de la langue maternelle de l'élève est d'abord déterminée ; et aucune promotion n'est autorisée, ni aucun diplôme accordé, si l'étudiant présente des déficiences notables à cet égard, même si sa connaissance des autres branches requises s'avère être tout ce qu'on pourrait désirer. Aux États-Unis, les normes ne sont pas aussi élevées. Il y a seulement quelques années qu'une connaissance certaine de l'anglais a été ajoutée aux conditions d'admission dans les collèges américains, et même aujourd'hui, elle n'a, dans aucun de nos établissements d'enseignement, le poids relatif dans la détermination des examens que le français et l'allemand ont en France. les systèmes de ces pays. Bien que de grands progrès aient été réalisés dans l'enseignement de l'anglais et que de meilleures méthodes soient employées qu'auparavant, on peut affirmer sans risque de se tromper que dans aucune autre branche d'études, poursuivie avec autant de diligence, les résultats ne sont aussi insatisfaisants.

Nous ne montrons sûrement pas autrement le degré de notre culture et de notre raffinement que par notre conversation quotidienne. N'est-il pas important, alors, que nous consacrions nos efforts avec sérieux, et avec une patience infinie, s'il le faut, à la maîtrise d'un sujet aussi essentiel ?

Le choix d'un bon anglais n'implique pas nécessairement ni une monotonie guincée du discours, ni une affectation fastidieuse. C'est tout simplement l'élégance et le naturel. Il n'y a aucune raison pour qu'une personne, aussi humble soit-elle, n'espère pas parler correctement sa langue maternelle. C'est une réalisation qui ne coûte pas cher. Pour son acquisition, il n'est pas nécessaire d'enseigner à des prix élevés. Cela ne demande que du soin et de l'attention. Soyez critique envers vous-même. Surveillez vos phrases. Demandez à vos compagnons de corriger vos lapsus. Répétez correctement la phrase gênante jusqu'à ce que l'erreur devienne impossible. L'écoute de personnes instruites et la lecture de la meilleure littérature sont toutes deux d'une grande aide dans cette direction, surtout si nous offrons à l'un et à l'autre la flatterie sincère de l'imitation. Notre littérature regorge de chefs-d'œuvre de style. Les lire avec cohérence, c'est s'imprégner d'une certaine facilité de diction.

Il existe de nombreuses personnes qui, sans violer les règles de la grammaire technique, se livrent habituellement à l'argot, à l'hyperbole et à de nombreuses « mauvaises herbes du langage » qui devraient être rapidement arrachées et rejetées. Un grand nombre de garçons et de filles, et même certaines personnes âgées, s'imaginent que l'usage de l'argot donne du piquant et de la force à leur conversation. L'argot est toujours un élément de faiblesse. C'est déjà assez grave chez un homme, mais chez les femmes, c'est bien plus discutable. Ce n'est pas l'expression du raffiné. Pour le goût cultivé, c'est discordant.

Un autre défaut répandu chez les filles est l'habitude de l'hyperbole. Parfaitement, terriblement, gentil et splendide, sont les quatre mots les plus surmenés, et terriblement le plus abusé de tous. Il est étrange de constater l'emprise que ce mot a acquise dans le vocabulaire des filles qui, à presque tous les autres égards, sont attentionnées dans leur usage de l'anglais. Les gens sont appelés terriblement bons, terriblement mauvais, terriblement intelligents, terriblement stupides, terriblement gentils, terriblement joyeux et terriblement gentils. Il est fait pour faire son devoir en toutes occasions et en toutes circonstances, comme s'il était le seul adverbe admissible dans la bonne société. Parmi les adjectifs, splendide se classe facilement parmi les plus populaires. Pour beaucoup, tout est splendide, qu'il s'agisse d'une fleur, d'un coucher de soleil, d'un dîner, d'un match de football, d'un ami, d'un sermon ou d'un livre. Ensuite, nous entendons continuellement que certaines choses sont *parfaitement* splendides, *parfaitement* belles, *parfaitement* odieuses, *parfaitement* glorieuses, *parfaitement* magnifiques et *parfaitement* douces. Il est difficile de déterminer comment une société frappée par les mots se passerait de ces expressions, mais il est certain que la femme qui utilise imprudemment les superlatifs démontre immédiatement que son jugement est dominé par ses impulsions, que ses opinions sont d'une fiabilité douteuse et que ses critiques sans valeur.

Dans un numéro récent d'un magazine populaire, le professeur Brander Matthews a publié un article sur l'indifférence ambiante à l'égard du bon usage des mots. Les points sur lesquels il insiste sont les suivants :

Le monsieur n'est jamais indifférent, jamais imprudent dans son langage. Un langage négligé est tout aussi offensant qu'un comportement et une tenue vestimentaire négligés. La tournure soignée d'une phrase est aussi agréable à l'oreille que la propreté d'une personne l'est au goût raffiné. Un homme doit choisir ses mots avec au moins autant de soin qu'il choisit ses vêtements ; même une allusion au dandy n'est pas répréhensible, si ce n'est qu'une allusion. Il vaut encore mieux aller jusqu'à l'extrême de la minutie plutôt que de se livrer à l'extrême opposé de la négligence.

L'art d'écrire des lettres n'est qu'une autre phase de la même affaire. En fait
, ce n'est qu'une conversation faite avec la plume, lorsque la distance ou les
circonstances empêchent la méthode plus facile d'échanger des idées par la
parole. C'est un art qui doit être fidèlement cultivé par ceux qui désirent
plaire. Dans la vie sociale, dans les affaires, dans presque toutes les autres
circonstances de la vie, nous voyons notre plume appelée à la réquisition.
Pourtant, même s'il s'agit d'une réalisation presque indispensable, elle est
lamentablement négligée. L'art de l'écriture épistolaire devient obsolète ;
c'est-à-dire l'art d'écrire des lettres qui ont enrichi la littérature épistolaire
d'une génération précédente. C'est malheureux, car il n'y a rien qui puisse
autant stimuler la pensée et mettre en activité les subtilités pratiques et
quotidiennes de la phrase que l'exercice de cet art. Un exercice constant
d'écriture de lettres aura tendance à ôter au vocabulaire des mots qui n'y ont
pas leur place et accomplira tout autant que tout autre moyen pour élargir,
embellir et affiner la langue à notre disposition, ainsi que pour former le
l'esprit aux habitudes exactes de pensée. Une autre considération importante
est le charme qu'un « joyau de lettre » a pour le destinataire ravi.

Les conditions indispensables d'une bonne lettre sont la précision de la
chirographie, la simplicité et l'exactitude grammaticale. Les défauts dans l'un
ou l'autre de ces détails sont difficilement pardonnables. Nous ne pouvons
pas tous être de jolis écrivains, mais nous pouvons tous écrire lisiblement et
donner à la page une apparence soignée. Le gribouillage est inexcusable.

"Une page gribouillée indique un esprit qui gribouille, tandis qu'une écriture
claire et lisible n'est pas seulement une indication d'une pensée claire, mais
un moyen et un promoteur d'une pensée précise. En effet, simplement en
tant que proposition commerciale, on ne peut pas se permettre de devenir
un rédacteur négligent. "

"Et qui," dit *The Philadelphia Record* , "ne connaît le charme d'une lettre
gracieusement formulée et écrite lisiblement, avec ses larges marges, son
encre claire et noire et son papier à lettres délicat ? Un art, en effet, est
l'écriture d'un tel message. missive, un art qu'il incombe à chaque femme de
cultiver. Une ligne écrite à la hâte, trahissant des signes d'insouciance, et
griffonnée sur une feuille de papier indifférente est en effet un piètre
compliment pour celle qui le reçoit, et suscite tout sauf des commentaires
flatteurs à l'égard de l'écrivain. "

Un discours imprudent est déjà assez mauvais, mais le charme de l'orateur
peut être si grand qu'il désarme la critique. Mais la lettre, le mot écrit, a ses
propres mérites ; "ce qui est écrit est écrit." Il n'y a pas de vivacité gracieuse
à plaider en faveur de l'écrivain ; aucune coquetterie de manière pour
détourner le regard du lecteur des erreurs froidement exposées noir sur blanc.
Observez donc le plus grand soin lorsque vous rédigez une épître, que ce soit

à un ami, à un ennemi ou à un amant. N'envoyez jamais de lettre en déshabillé, pour ainsi dire, à peine plus que vous ne vous présenteriez *en déshabillé* devant vos connaissances les plus formelles. L'un est presque aussi flagrant que l'autre.

TACT DANS LA CONVERSATION.

"Interrogez seulement les puits sur leur santé."

La discrétion dans le discours est plus que l'éloquence.

LARD.

L'éclat d'une conversation est à l'entreprise ce qu'une bougie allumée est à une pièce sombre : il l'éclaire tout entier. Mais de temps en temps, une personne maladroite , en essayant de couper la mèche pour la rendre plus brillante, l'éteint.

JAMES C. BEEKS.

Il se produit rarement dans la société une erreur aussi étonnante que les remarques inconfortables que se font innocemment hommes et femmes. Certaines personnes qui sont prudentes et prévenantes à d'autres égards semblent manquer cruellement de cette qualité que nous appelons le tact. Ils veulent plaire ; pour rien au monde, ils ne diraient ou ne feraient intentionnellement quoi que ce soit qui puisse blesser ou blesser la sensibilité d'un ami ; Pourtant, ils disent continuellement ces « choses qui auraient mieux valu ne pas être dites ».

Harper's Bazar mentionne certains de ces discours qui n'ont aucune excuse.

"Quel cher petit garçon c'est !" a déclaré un appelant à la mère d'un enfant de trois ans.

"Il nous est d'un grand réconfort", répondit la mère en caressant les longues boucles de l'enfant.

"Oui, je le pense. Il n'est pas joli, n'est-ce pas ? Ses cheveux sont si beaux maintenant qu'au premier coup d'œil on le qualifierait de joli. Mais si vous imaginez à quoi il ressemblera lorsque ces boucles dorées seront coupées, vous je verrai qu'il sera un enfant très simple.

Une autre femme a dit à une connaissance : « Madame A., j'espère que vous me pardonnerez de dire que je pense que je n'ai jamais vu de plus belle pièce de dentelle que le volant de la robe que vous portiez au bal de l'Assemblée la semaine dernière. J'ai dit ensuite à mon mari que si M. A. échouait encore et perdait tout, comme il l'a déjà fait une ou deux fois, vous pourriez vendre cette dentelle et en obtenir facilement un bon prix.

La même femme, alors qu'elle effectuait une visite de plusieurs semaines, disait à son hôtesse, alors que l'heure de son départ approchait : « Je pense toujours que ce qu'il y a de plus agréable dans une visite, c'est de rentrer chez soi. Je suis heureux d'en voir un, et j'ai toujours un grand luxe à rentrer dans ma propre maison, où je peux faire ce que je veux, dire ce que je veux et commander ce que je veux manger.

Encore une fois, il y a des gens qui semblent penser que leur mission est de remédier à l'infirmité de chaque personne avec laquelle ils entrent en contact. Ils apprennent à parler désagréablement. Ils vous coincent dans le cercle social, parlent du sujet qu'ils savent vous être le plus désagréable, et parlent sur un ton suffisamment fort pour être entendu de toutes les autres personnes présentes dans la pièce. Si vous avez commis une erreur, ils la révèlent. Si vous n'avez pas réussi dans l'une de vos entreprises , ils ne manqueront pas de vous renseigner à ce sujet, même dans les détails. Ils déroulent votre passé et se dilatent sur votre avenir. Ils vous mettent à rude épreuve à chaque fois que vous les rencontrez et il y a un recul instinctif lorsque vous percevez leur approche.

"Nous connaissons tous ces personnes", dit le *Zion's Herald* , "les personnes qui prononcent toujours le mot inapproprié, qui se rendent généralement désagréables, qui, apparemment, n'essaient jamais de faire une impression agréable sur les autres, mais qui aiment piquer et blesser. "

Ne connaissons-nous pas tous la voisine mentionnée dans cette citation : « Comme un bourreau bref et aigu, comme un clou dans la botte, un bascule pour les tibias par une nuit noire, ou un angle aigu pour le nerf ulnaire, Mme R. ——, notre voisine, surpasse toutes les personnes que j'ai jamais vues. Je suis sûr que si elle pouvait déranger un cadavre en lui murmurant que son linceul n'est pas bien ajusté et que les cadeaux floraux ne sont pas ceux attendus, elle le ferait. ".

Si vous êtes une femme, n'êtes-vous pas allée plus d'une fois vous promener avec une autre femme qui n'était jamais satisfaite de votre apparence ?

Elle tire sur votre robe en disant : "Cette robe ne vous a jamais été à votre taille ; elle ne vous va pas du tout, pourquoi n'avez-vous pas porté l'autre ?" Vous commencez bientôt à vous sentir mal à l'aise et à souhaiter être de nouveau chez vous. Votre bonnet n'est peut-être jamais aussi seyant, ou votre nouvelle veste peut vous aller à la perfection, mais elle ne le mentionne jamais non plus. Elle ne remarque que des défauts ; elle voit tout ce qui est désagréable. De telles personnes laissent toujours un sentiment inconfortable derrière elles lorsqu'elles vous quittent.

Le sarcasme n'est une qualité qui doit être cultivée par aucun des deux sexes. Les hommes n'aiment pas ça chez les femmes. Cela peut être amusant quand cela est dirigé contre autrui, mais il y a toujours une peur cachée que cela puisse un jour être dirigé contre soi-même. Le sarcasme est une mauvaise herbe qui, une fois germée, grandit et grandit, étouffant les petites plantes de gentillesse, de prévoyance et de considération, jusqu'à envahir le jardin de l'esprit, dominant et contrôlant chaque pensée avec une odeur désagréable et âcre qui ne peut être éradiqué.

La jeune fille sarcastique n'est pas fascinante, car elle n'est pas une compagne agréable. Elle est trop forte pour être agréable. Elle peut posséder un talent supérieur à la moyenne de ses connaissances ; elle peut être capable de parler dans une demi-douzaine de langues différentes ; elle peut être aussi belle qu'une statue grecque ; mais les hommes se battent pour l'éviter. Le sarcasme n'est pas de l'esprit, même si l'esprit peut être sarcastique. On peut être intelligent et dire toutes sortes de choses intelligentes sans blesser les sentiments des autres par des opinions vives, tranchantes, pleines d'amertume et pleines de culot.

Celui qui fait preuve de tact ne commet pas l'erreur de trop parler de lui-même. Tant que nous sommes jeunes, au moins, nous nous intéressons beaucoup à nous-mêmes et nous imaginons probablement que le monde entier s'intéresse à nos opinions, à nos préjugés et à nos goûts. Mais si cela peut être vrai pour nos amis les plus chers, ce n'est pas vrai pour les autres.

" Sans aucun doute, " dit l' *Aimant* , " notre conversation doit être basée sur ce que nous avons vécu d'une manière ou d'une autre. Mais cela ne nous oblige pas à parler continuellement de nous-mêmes. Si nous devons examiner attentivement les choses que nous disons pour les plus simples connaissances, nous serions souvent étonnés de voir que nous prenons à nous-mêmes un intérêt auquel nous n'avons pas le droit d'attendre. Les personnes malades sont susceptibles de faire preuve de sympathie sans discernement, divertissant des étrangers ainsi que des amis avec des descriptions détaillées de leurs derniers symptômes et des derniers remèdes du médecin. Certains d'entre nous, qui n'ont pas l'excuse de la maladie, en imposent aux personnes que nous rencontrons en les obligeant à écouter beaucoup de renseignements personnels qui peuvent intéresser nous-mêmes, et éventuellement ceux qui nous aiment très tendrement, mais qui ne les intéressent guère. quelqu'un d'autre.

Il y a plusieurs années , l' *Union Chrétienne* a raconté cet incident : L'occasion sociale était un dîner. L'un des invités était une femme qui avait dépassé la quarantaine ; son bon goût, ses moyens généreux, sa grâce féminine et son raffinement naturel en faisaient un ajout à n'importe quel cercle. L'hôtesse de l'occasion était une femme fière de sa capacité à répondre aux exigences de son poste. Elle n'avait aucun doute quant à son aptitude à occuper une fonction sociale, mais ses amis n'avaient pas la même confiance inconditionnelle en son tact.

La gentille invitée trouva avec joie qu'elle était confiée aux soins du fils d'un ancien camarade d'école et remercia intérieurement son hôtesse pour la considération et la prévenance qui lui permettaient d'avoir des nouvelles de son amie qu'elle n'avait pas rencontrée. dans des années. A peine les convives furent-ils attablés que l'hôtesse se pencha vers le jeune homme et, d'une voix parfaitement audible par toute la compagnie, lui dit : "C'est pas grave, Bob, je ferai mieux pour toi la prochaine fois."

Pendant une minute, il y eut un silence parfait, la dame et son escorte étant consternées par ce qui venait d'être dit ; mais la gentillesse de l'invité a surmonté le moment embarrassant en attirant l'attention du jeune homme sur les roses sur la table, qui, lui dit-elle en souriant, étaient les grandes préférées de sa mère lorsqu'elle était à l'école. Cela a brisé la glace. L'hôtesse ignorait parfaitement qu'elle s'était rendue coupable d'une quelconque impolitesse. Son intention était d'être particulièrement polie envers le jeune homme ; d'abord pour l'assurer qu'il serait à nouveau son hôte, et, ensuite, qu'elle aurait alors un bouton de rose à lui confier. Ce qui était amusant, c'était que le jeune homme admirait beaucoup l'amie de sa mère et qu'il avait souvent été son invité lors de ses visites en ville.

Il est difficile d'imaginer comment une femme pourrait évoluer dans la société dans une certaine mesure et rester capable d'une telle erreur, et pourtant nous avons tous vécu des expériences similaires de la part de personnes dont l'expérience sociale devrait rendre une telle imprudence impossible. Je pense maintenant à une femme imposante, qui se piquait de toujours dire exactement ce qu'elle pensait. Lors d'une réception, elle remplissait la salle par ses manières ; il était impossible de continuer à ignorer sa présence.

Saluant affablement ses connaissances, elle s'embarqua — car les femmes de ce genre ne marchent pas — jusqu'à une modeste petite dame dont la santé, avait-elle entendu dire, déclinait, et elle s'écria d'une voix forte : « Qu'est-ce que tu t'es fait ? Tu as vieilli de quinze ans depuis la dernière fois que je t'ai vu ! » Non méchante par intention, elle ne faisait que pratiquer son système consistant à dire exactement ce qu'elle pensait, et elle insistait constamment auprès de ses amis sur le bien-fondé de cette conduite ; mais quel endroit insupportable notre monde serait si nous suivions tous cet exemple de franchise insensée et inconsidérée.

Ainsi, la femme qui trouve toujours en vous des ressemblances avec une autre personne qu'elle a rencontrée, crée beaucoup d'expériences inconfortables de la vie sociale, et lorsqu'elle juge intéressant d'exploiter le caractère de votre prototype, s'attardant sur les défauts mentaux et physiques , elle devient insupportable. Pourtant, la société n'a pas encore trouvé de moyen sûr de l'éliminer.

De telles infélicités ne sont pas tant le résultat d'une méchanceté que d'une certaine incompétence ou d'un manque de *savoir-faire* . De telles personnes se sentent contraintes de prendre leur part de parole, mais n'ont pas acquis le tact dans le choix du sujet, ni la vigilance pour éviter les pièges - deux qualités qui peuvent être acquises par un auto-entraînement soigneux chez quiconque, malheureusement, elles ne sont pas innés.

Dans un de ces cas, les mauvaises manières étaient l'expression naturelle de la femme, parce que son impulsion était égoïste ; car il est certainement vrai qu'une personne de nature véritablement altruiste ne offensera pas en faisant des remarques personnelles. Les manières sont l'expression du cœur, et l'homme ou la femme qui vit mentalement dans des relations bienveillantes et réfléchies avec ses semblables s'abstiendra d'exprimer des pensées qui pourraient éventuellement offenser. Il n'y a pas de mystère dans la grâce sociale. C'est se souvenir des autres dans leurs diverses relations avec nous. La femme qui réussit socialement n'est pas celle qui a pour but de vivre uniquement le désir de plaire, mais celle dont le désir est plutôt de rendre les autres heureux. L'un est un objectif poli ; l'autre est un bon type de altruisme qui rend impossible l'expression de vérités importunes au grand dam de quiconque est rencontré dans le contact personnel occasionnel que nous appelons la société.

Holmes nous a donné un bon conseil en disant : « Ne vous flattez pas que l'amitié vous autorise à dire des choses désagréables à vos intimes. Au contraire, plus vous entrez en relation avec une personne, plus le tact et la courtoisie deviennent nécessaires. ".

LE
COMPLIMENT D'ATTENTION.

"Si nous étions aussi éloquents que des anges, nous plairions à certaines personnes plus en écoutant qu'en parlant."

"Un bon auditeur est aussi nécessaire à un orateur plein d'esprit que l'acier au silex. C'est le contact aigu des deux qui fait jaillir les étincelles."

Il existe certains agréments qui accompagnent les rapports sociaux et que nous connaissons tous, mais nous oublions constamment de les mettre en pratique. Cet oubli n'est en aucun cas plus visible que dans la conversation, et surtout en relation avec ce qu'on peut appeler « le compliment de l'attention ».

Si vous désespérez de devenir un bon orateur, vous pouvez au moins devenir un bon auditeur, et c'est quelque chose qu'il ne faut pas mépriser. Il y a généralement plus de bons orateurs que de bons auditeurs et, même si cela peut paraître paradoxal, mieux vous écouterez, plus grande sera votre réputation de causeur.

Selon le cynique Rochefoucauld, si si peu de gens se montrent agréables dans la conversation, c'est parce qu'ils se soucient plus de ce qu'ils vont dire eux-mêmes que de ce que les autres leur disent.

Si vous avez lu « Nicholas Nickleby », vous vous souvenez que Mme Nickleby raconte à quel point Smike était un conversateur remarquable. Elle a diverti le pauvre Smike pendant plusieurs heures avec un récit généalogique de sa famille, y compris des notes biographiques, pendant qu'il la regardait et se demandait de quoi il s'agissait et si elle l'avait appris dans un livre ou si elle l'avait dit de sa propre tête.

Un écrivain du *Chicago Herald a déclaré* : « Qu'y a-t-il, en effet, de plus familier qu'un visage intelligent, ardemment attentif à celui-ci tout en racontant une histoire ? Quel langage peut être comparé à la rougeur ou à l'œil brillant d'un auditeur sérieux ? Desdémone, avec une oreille avide dévorant son discours, qui a gagné le cœur d'Othello. Il a raconté sa merveilleuse histoire, et elle a écouté - ce n'était que la sorcellerie qu'il avait utilisée.

On dit de Sir Walter Scott que, bien qu'il fût l'un des meilleurs orateurs du monde, il était aussi le meilleur auditeur. Avec le même regard fade , il regardait, toute une soirée, les lèvres de son bavard bourreau discourir par ignorance sur des épigrammes grecques, ou s'étendre grossièrement sur les subtilités d'un débat parlementaire.

On disait de Mme Récamier qu'elle écoutait avec le plus de charme, et c'était un secret de son merveilleux pouvoir de charme.

Nous avons tous entendu l'histoire de Madame de Staël , qui, par un astucieux stratagème, fut présentée à un sourd-muet lors d'une soirée. Elle lui parla toute la soirée, et déclara ensuite que jamais elle n'avait rencontré un auditeur aussi intelligent et un si bon causeur.

Vous souvenez-vous de l'histoire racontée par Sterne dans « Le voyage sentimental » ?

Il avait été présenté à une dame française comme un grand esprit et un conversateur engageant, et la dame était impatiente d'être présentée pour pouvoir l'entendre parler.

Ils se rencontrèrent et, écrit Sterne : « Je n'avais pas pris place avant de voir qu'elle ne se souciait pas un sou de savoir si j'avais de l'esprit ou non. Je devais être convaincu qu'elle l'avait. J'en prends le ciel à témoin, je n'ai jamais ouvert une seule fois la porte de mes lèvres."

La dame a ensuite déclaré qu'elle n'avait jamais eu de sa vie une conversation plus positive avec un homme.

De nombreux autres exemples pourraient être mentionnés, tirés à la fois de la réalité et de la fiction, pour montrer comment une écoute attentive peut accroître les plaisirs de la conversation, et que l'on peut parfois acquérir une réputation de pouvoir conversationnel en exerçant son oreille au lieu de sa langue.

"Une dame qui vient souvent chez moi," dit une dame, "est une grande conteuse, toujours instructive et agréable; mais elle écoute mal. Quand arrive ma partie de la conversation, son attitude est déprimante. Je me sens gêné. , mes mots s'emmêlent, ma mémoire me quitte, et je me dépêche de conclure mon propos, conscient d'avoir présenté un argument faible, alors que j'avais raison en commençant. Mon amie perd son aisance quand je parle, devient agitée, et » m'intervient avant que j'aie vraiment commencé. Ses yeux insensibles me disent aussi clairement sa supériorité que si elle l'avait écrit noir sur blanc.

Les ecclésiastiques, les enseignants et les orateurs comprennent et apprécient mieux que les autres « le compliment de l'attention ». En effet, il est embarrassant pour quiconque parle de constater des signes de lassitude et d'inattention de la part de ses auditeurs. Ceux qui ne sont pas habitués à se tenir devant un auditoire se rendent rarement compte qu'un orateur ressent et comprend, sans effort conscient, l'attitude de chacun des membres de son auditoire à son égard. Le bon auditeur l'inspire et l'encourage, tandis que l'auditeur agité et inattentif est une épine dans la chair, irritant et distrayant.

À la fin d'une conférence donnée il y a quelques années dans une ville du Maine, le conférencier – qui était surintendant des écoles de l'État – s'est tourné vers l'écrivain et lui a demandé :

"Qui sont ces deux dames vêtues de noir, debout là près de la fenêtre ?"

Après lui avoir donné leurs noms, l'écrivain a dit : « Pourquoi demandez-vous ?

Le conférencier répondit : "Ils m'ont été d'une grande aide toute la soirée. Ce sont des auditeurs délicieux. Ils semblaient tellement apprécier tout ce que je disais que j'avais l'impression de parler spécialement pour leur bénéfice."

"Cette fille", dit un professeur en désignant une jolie jeune femme qui vient de quitter la salle de classe, "est l'élève la plus reposante que j'ai jamais eue dans mon école. Elle est si douce dans son attitude, si réfléchie et si attentive pendant les récitations. , qu'on ne peut s'empêcher de l'aimer. Peu importe à quel point les autres membres de l'école deviennent agités, elle leur accorde toujours la plus grande attention. Si l'on pouvait avoir une école entière comme elle, enseigner serait un délice; mais elle est une parmi cinquante ".

Nous gagnons beaucoup de choses en plus de la bonne volonté des autres, en étant de bons auditeurs, même si nous devons parfois accepter de nous ennuyer à un degré illimité sans interrompre celui qui parle, ou répondre autrement que par des « hochements de tête, des signes et des sourires en couronne . "

« Ouvrez la bouche et fermez les yeux et voyez ce que le ciel vous enverra », dit la vieille maxime ; mais « fermez la bouche et ouvrez les yeux » a été suggéré comme un conseil beaucoup plus judicieux dans certaines circonstances.

"Mais", dites-vous, "on nous dit que Samuel Johnson, Tennyson et Macaulay, et bien d'autres grands penseurs, monopolisaient généralement la conversation lorsqu'ils étaient en compagnie, et que leurs amis étaient ravis de les écouter. Assurément , ils n'y prêtaient que peu d'attention. au « compliment d'attention ». » Très vrai, mais sans doute ils auraient été parfois plus agréables à la société s'ils avaient été plus attentifs aux souhaits des autres. Les grands hommes sont grands malgré leurs faiblesses, pas à cause d'elles. Nous pouvons pardonner plus facilement les penchants désagréables chez un génie que chez le mortel moyen, et comme nous sommes presque tous des mortels moyens, sans la moindre trace de quelque chose qui ressemble au génie, nous ne pouvons nous permettre de nous passer d'aucune de ces qualités qui contribuent à nous rendre plaire aux autres. Il ne faut pas oublier qu'il n'y avait qu'un seul Macaulay – un homme qui pouvait s'exprimer brillamment sur presque tous les sujets – et malgré son génie, ses amis admettaient qu'il était souvent quelque peu ennuyeux.

Une leçon très utile peut être tirée d'une petite histoire parue il y a quelques années dans *The Youth's Companion* :

George Paul, un jeune ingénieur civil, alors qu'il inspectait un chemin de fer dans les collines de Pennsylvanie, rencontra une petite fille de la campagne simple et adorable et l'épousa. Après quelques semaines, il l'a ramenée chez sa famille à New York et l'a laissée là-bas pendant qu'il retournait au camp.

Marian avait élaboré de nombreux plans pour gagner l'affection de ses nouveaux parents. Elle avait travaillé assidûment sa musique ; elle était sûre qu'ils seraient ravis d'entendre ses histoires sur sa belle sœur et son frère ; elle imaginait leur admiration pour sa nouvelle robe de soie bleue et son bonnet d'hiver. Mais les Paul , tous, étaient indifférents à sa musique, à sa famille et à ses robes. Ils accueillirent amicalement « la femme de Georges », puis chacun repartit son chemin et ne lui prêta plus attention.

Après le premier choc de déception, Marian a rassemblé son courage.

« Si je n'ai rien à leur donner, ils ont beaucoup à me donner », pensa-t-elle joyeusement. Elle écoutait avec impatience quand Isabel chantait, et ses sourires et ses larmes montraient à quel point elle appréciait la musique. Elle examinait chaque jour les peintures de Louisa avec un intérêt constant, discutait de chaque effet et était heureuse si elle pouvait aider à mélanger les couleurs ou à préparer la toile. Elle interrogeait grand-mère sur sa névralgie, lui conseillait de nouveaux remèdes ou écoutait sans se lasser le récit des anciens, jour après jour. Lorsque l'oncle John, tout juste revenu du Japon, commença à raconter ses aventures, Marian fut la seule auditrice à ne jamais se lasser ni l'interrompre.

Après une conférence de deux heures, au cours de laquelle son rôle avait été celui d'une auditrice stupide et au visage brillant, l'oncle John déclara que la femme de George était la femme la plus intelligente qu'il ait jamais rencontrée.

Quand George rentra à la maison, toute la famille ne tarit pas d'éloges. C'était une excellente musicienne ; elle avait un goût infaillible pour l'art ; elle était charmante, spirituelle et adorable. Mais George comprit bientôt qu'elle les avait conquis inconsciemment, non pas en affichant ses propres mérites, mais en appréciant les leurs.

Il s'agit en fait d'une histoire vraie, mais la vérité de son sens se répète partout où l'on trouve une femme qui possède cette qualité appelée charme. Elle peut être simple ou même déformée, mais elle gagnera l'amitié et l'amour.

Beaucoup de jolies filles s'épargneraient beaucoup d'anxiété et de vains efforts à leur entrée dans le monde de la société, si elles comprenaient que la société, ainsi appelée, est composée d'individus dont la plupart ne désirent pas trouver la beauté, l'esprit, l'esprit. talent des autres, mais pour susciter la reconnaissance cordiale des autres, des leurs.

LA VOIX.

"Les tons tendres empêchent les vérités sévères d'offenser."

"Il y a des tons qui distinguent les mots communs et leur donnent des lumières et des profondeurs de sens, tout comme une belle émotion idéalise et exalte un visage simple."

"Il n'y a pas de pouvoir d'amour aussi efficace qu'une voix bienveillante. Une main bienveillante est sourde et muette. Elle peut être dure de chair et de sang, mais faire le travail d'un cœur doux et le faire avec un toucher doux. Mais là Il n'y a rien dont l'amour ait autant besoin qu'une voix douce pour dire ce qu'il signifie et ce qu'il ressent."

Dans nos efforts pour plaire, même si beaucoup dépend de ce que nous disons, cela dépend tout autant de la manière dont nous le disons. L'influence d'une voix agréable est merveilleuse ; qui n'a pas ressenti son charme ?

On a dit que le plus grand défaut de la femme américaine est sa voix, et bien que cela ne soit pas strictement vrai, on entend dans les conversations, au pays et à l'étranger, de nombreuses voix plus désagréables que nécessaire, plus dures , plus rauques.

La voix d'une femme peut impliquer une bonne éducation, ou l'inverse, et pour estimer le pouvoir des charmes féminins, une voix agréable doit être placée très près de la tête de liste. N'est-il donc pas étrange que l'on fasse si peu d'efforts pour remédier aux défauts de l'expression vocale ?

Nous cultivons la voix pour le chant et pour les effets élocutoires, mais peu de choses sont faites pour le garçon ou la fille moyen en termes d'entraînement de la voix pour l'effet quotidien. Seuls quelques-uns peuvent chanter assez bien pour faire plaisir aux autres, mais nous parlons tous tous les jours de notre vie, et souvent la qualité de notre voix est plus significative que les mots que nous prononçons. Un ton sympathique nous fera souvent gagner un ami, même si ce que nous disons n'a que peu d'importance. La pureté de l'accent joue un grand rôle dans l'art de charmer, et il a été dit avec raison qu'« une femme peut être laide, vieille, sans distinction ni instruction, mais si elle a une voix douce, insinuante et douce, elle le fera ». charme autant que sa plus belle sœur.

Un opérateur téléphonique d'un endroit proche de New York reçut, un certain Noël, des chèques de cinq, dix et cent dollars, une épingle en diamant, un patron de robe et huit boîtes de confiseries ; même si elle n'était connue des donateurs que par sa voix douce, par la déférence de son ton, par sa volonté de s'accommoder et par son numéro de bureau en tant qu'opératrice.

Pourquoi considérons-nous la formation vocale et l'expression orale comme quelque chose qui relève entièrement des spécialistes ? Nous pensons qu'une telle formation est nécessaire pour les orateurs publics et les lecteurs, ainsi que pour tous ceux qui ont l'intention de faire un usage professionnel de la voix, mais nous n'apprécions pas sa valeur pour l'homme ou la femme moyen.

"Que devrions-nous penser", dit *Expression* , "d'une femme qui s'habille avec les vêtements les plus riches, qui est extrêmement soignée sur chaque point vestimentaire, mais qui parle avec un pincement nasillard et un ton guttural, et ne fait aucun effort pour corriger le faute ? Nous savons que c'est souvent le cas. Pourquoi l'incohérence n'est-elle pas corrigée ? Pourquoi n'y a-t-il aucun effort pour améliorer la voix et la rendre belle et séduisante ? Quelle sensibilité les gens manifestent-ils à l'idée de partir à l'étranger avec une tache sur le visage ; mais hélas, on est peu sensible à une tache sur la voix.

La vérité est que la culture de la voix ne devrait pas être réservée à quelques-uns, mais devrait devenir une branche prescrite de l'éducation des garçons et des filles en général. Non seulement les voix des femmes sont trop souvent peu mélodieuses, mais celles des hommes nécessitent également une attention particulière. Une belle voix peut avoir une valeur inestimable pour un homme. La plupart des orateurs célèbres ont été aidés par la possession d'une bonne voix, ainsi que par les connaissances nécessaires pour pouvoir l'employer efficacement. M. Lecky dit que la voix d'O'Connell, s'élevant avec une houle mélodieusement modulée, remplissait les plus grandes salles et triomphait du tumulte le plus sauvage, tout en transmettant toutes les nuances de sentiments avec la flexibilité la plus délicate.

On dit que la voix de M. Gladstone avait la qualité musicale et la résonance d'une trompette d'argent ; tandis que William Pitt, qui dirigeait le Parlement à l'âge de vingt et un ans, possédait une voix d'une puissance magistrale mais d'une douceur merveilleuse.

La voix de Webster, à l'occasion de sa réponse au sénateur Dickinson, était si autoritaire, si puissante, qu'un de ses auditeurs a déclaré qu'il avait eu toute la nuit l'impression qu'une lourde canonnade avait résonné à ses oreilles.

Garrick avait l'habitude de dire qu'il donnerait cent guinées s'il pouvait dire « Oh » comme le dirait Whitefield.

« Mais, déclarez-vous, la nature ne nous a pas donné des voix comme celles de ces hommes célèbres, et nous devons nous contenter de ce que nous avons.

Même si la nature ne nous a peut-être pas accordé ses voix mélodieuses, nous pouvons faire beaucoup pour améliorer les nôtres. Une étude biographique nous apprendra que bon nombre des orateurs les plus réussis, qu'ils soient acteurs ou orateurs, ont été des hommes et des femmes possédant un défaut inné de langage ou de figure qu'ils ont résolument maîtrisé par une application patiente et persévérante. Nous connaissons tous le trouble de la parole de Démosthène et connaissons l'histoire de ses mois de lutte et de son succès final.

Savonarole, lorsqu'il parla pour la première fois dans la cathédrale de Florence, fut considéré comme un échec, à cause de sa voix misérable et de ses manières maladroites. Phillips Brooks, l'un des plus grands prédicateurs que l'Amérique ait produits, s'est fait dire par le président de son université que le ministère était hors de question pour lui en raison de sa nervosité et des défauts de son discours.

Il serait facile de multiplier les exemples pour montrer que le corps le plus maladroit et la voix la plus rude peuvent être maîtrisés. En effet, là où la voix est imparfaite et que l'homme est obligé de faire un effort déterminé pour la maîtriser, il atteint par ce moyen une vigueur mentale et une force émotionnelle et une souplesse de voix et d'esprit, ainsi qu'une maîtrise de la voix. corps, qui rendent son accouchement au plus haut degré efficace.

Encore une fois, il ne suffit pas que nous ayons naturellement une voix mélodieuse ; il faut savoir, ou bien apprendre, s'en servir. Il doit y avoir du sentiment et de l'expression dans les tons de chacun. Si nous souhaitons exprimer la cordialité, les mots sont inutiles à moins que la voix ne reflète le sentiment que nous souhaitons exprimer. Il faut apprendre à moduler la voix pour en faire un véritable réflexe de l'esprit et de l'humeur. À moins qu'elles témoignent de la sincérité, les excuses ne parviennent pas à convaincre un esprit contrit. Si elle ne véhicule pas la confiance, les protestations sont vaines ; Pourtant, le ton même de la voix peut apaiser l'amertume, même si l'on peut trébucher sur les mots d'excuses. Si donc on reconnaît que sa voix est incolore et dépourvue de sensibilité, quoique son cœur soit chaud, qu'il s'applique immédiatement à remédier à ce défaut.

Écoutez votre propre voix lorsque vous parlez, notez les tons durs et stridents ainsi que les inflexions imparfaites et corrigez-les. De nombreuses filles parlent de manière nerveuse, saccadée et rapide, commençant une phrase et en répétant une partie deux ou trois fois avant de la terminer. Certains parlent sur un ton aigu et aigu qui est non seulement déplaisant mais positivement irritant parce que discordant. Certains parlent trop vite, tandis que d'autres, allant à l'extrême opposé, se contentent d'une voix traînante. Ce sont des défauts qui peuvent être corrigés et, en les corrigeant, nous augmentons considérablement notre pouvoir de charmer.

Si vous ne comprenez pas les imperfections de vos productions sonores, ou les défauts de votre manière de parler, ou si vous avez du mal à les corriger, adressez-vous à quelqu'un qui sait, et qui est aussi sensible à la voix qui parle qu'à celle qui parle. la voix chantée. Cela peut vous coûter quelque chose, mais ce sera de l'argent judicieusement dépensé. Vous prenez des cours de musique, tant vocale qu'instrumentale, et vous ne considérez pas l'argent dépensé pour ces cours comme gaspillé, même si vous n'avez pas l'intention de monter sur scène à l'opéra ou de devenir pianiste professionnel. Vous étudiez la musique comme un accomplissement. Pourquoi donc ne consacreriez-vous pas du temps, et s'il le faut, un peu d'argent, à perfectionner votre voix, si ce faisant vous pouvez vous rendre plus agréable aux autres. Vous n'êtes peut-être pas appelé très souvent à chanter ou à jouer pour d'autres personnes, mais vous parlerez tous les jours et plusieurs fois par jour, et la voix est « l'agent de l'expression de l'âme ».

"L'art du chant", dit *le Boston Herald*, "c'est étrange à dire, n'inclut pas l'art de parler, car certains très bons chanteurs ont des voix rauques et peu musicales dans la conversation. Mais avec toute la formation désormais donnée à la génération montante, L'éducation vocale doit être envisagée. Retirez la râpe et la dureté du discours de vos fils et filles et donnez-leur une autre grâce avec laquelle conquérir la société.

L'importance de ce que nous disons et de la manière dont nous le disons n'a jamais été exprimée de manière plus claire et plus précise que dans cette citation d'un écrivain américain : « Un homme peut ressembler à un singe et pourtant se révéler être un philosophe ; un homme peut s'habiller comme un vagabond, et pourtant avoir les intuitions d'un savant et d'un gentleman. Le visage, l'expression des yeux, l'habillement, la manière même, peuvent tous être trompeurs, mais la voix et la parole des hommes et des femmes les classent infailliblement. "

BONNES MANIÈRES.

La vie n'est pas si courte mais il y a toujours du temps pour la courtoisie.

EMERSON.

"La politesse est une vraie gentillesse exprimée avec gentillesse. C'est la somme et la substance de toute vraie politesse. Mettez-la en pratique et tous seront charmés par vos manières."

Les jeunes hommes seraient sans aucun doute profondément étonnés s'ils pouvaient comprendre d'un seul coup d'œil à quel point leur bonheur personnel, leur popularité, leur prospérité et leur utilité dépendent de leurs manières.

JG HOLLANDE.

En attirant les autres vers nous, la valeur d'une manière agréable ne peut être estimée. C'est comme le soleil. Nous le ressentons immédiatement et nous sommes attirés par celui qui le possède.

« Donnez à un garçon de l'adresse et des accomplissements, » dit Emerson, « et vous lui donnez la maîtrise des palais et des fortunes partout où il va ; il n'a pas la peine de les gagner ou de les posséder : ils le sollicitent pour y entrer et les posséder.

Beaucoup a été écrit sur ce sujet. En fait, tant de choses ont été dites, et si bien dites, qu'il n'y aura guère d'effort pour faire autre chose dans ce chapitre que de rassembler quelques-unes des meilleures pensées des meilleurs auteurs.

Les hommes et les femmes qui ont accompli de grandes choses dans le monde ont, en règle générale, compris la valeur de la politesse et ont agi conformément à cette connaissance. Vous pouvez peut-être vous souvenir de très peu d'exceptions, mais c'étaient des gens grands malgré leur manque de courtoisie, et ils l'auraient été encore plus s'ils avaient pratiqué l'art des manières douces.

Le duc de Marlborough, dont l'éducation générale était à certains égards tristement négligée, avait un charme de manières si irrésistible qu'il influençait les destinées des nations. Mirabeau, peu attrayant en personne, gagna par sa politesse la bonne volonté de tous ceux avec qui il entra en contact. Il n'y a jamais eu de moment dans l'histoire du monde où les bonnes manières comptaient plus qu'aujourd'hui. En fait, aujourd'hui plus que jamais, la réussite d'un homme dépend de sa personnalité. Les bonnes manières apportent souvent beaucoup de choses que la richesse ne peut procurer, et « la politesse a remporté plus de victoires que la poudre ».

"Personne", dit un écrivain américain, "qui apprécie la grâce et la beauté de la nature ou de l'art ne peut manquer de reconnaître le charme des belles manières chez un individu. Nous nous en réjouissons comme nous le faisons devant un joli coucher de soleil. ou une belle pièce d'architecture, ou un poème fascinant, pour eux-mêmes et pour ce qu'ils expriment ; mais au-delà de cela, ils ont un autre attrait dans le pouvoir magnétique qu'ils exercent sur tous les spectateurs en les mettant à l'aise, en balayant la timidité, la maladresse et la retenue, et en les stimulant à exprimer ce qu'il y a de mieux à chérir en eux.

Il est sans doute vrai que la présence de belles manières, que ce soit dans le foyer ou dans le cercle social, dans l'atelier ou au comptoir, dans la visite de charité ou dans les salles de législation, a un effet immédiat de se reproduire. en diffusant le bonheur, en développant les facultés et en suscitant le meilleur de chacun.

Il n'y a sûrement aucune qualité qu'une jeune fille ou une femme puisse posséder qui la recommande plus favorablement à la bonne opinion des autres que celle d'une courtoisie uniforme et de bonnes manières.

La lettre de William Wirt à sa fille sur les « petites et douces courtoisies de la vie » contient un passage dont on peut apprendre beaucoup de bonheur. "Je veux vous confier un secret. La façon de vous rendre agréable aux autres est de leur montrer de l'attention. Le monde entier est comme le meunier de Mansfield, qui ne se souciait de personne - non, pas lui, parce que personne ne se souciait de lui. Et le le monde entier vous servirait ainsi, si vous leur rendiez la même cause. Que chacun veille donc à prendre soin d'eux en leur montrant les petites courtoisies où il n'y a pas de parade, dont la voix est encore à plaire, et qui manifestent eux-mêmes par des regards tendres et affectueux, et de petits actes d'attention, donnant aux autres la préférence dans chaque petit plaisir à table, en marchant, assis ou debout.

Les jeunes hommes qui souhaitent se frayer un chemin dans le monde ne peuvent pas se permettre d'oublier qu'il n'existe pas au monde de talisman d'une magie aussi puissante que l'irrésistible charme des manières charmantes. Si dans certains cas cela semble inné, cela peut, dans une large mesure, être acquis. Pourtant, un observateur attentif des jeunes hommes de la génération actuelle ne peut manquer de remarquer une tendance, de la part de certains du moins, à négliger les petites courtoisies de la vie, les petites choses intangibles, mais pourtant très perceptibles, qui font de l'homme un gentleman. Certains prétendent même que les manières extérieures sont une considération secondaire si le chef est bien instruit, et que si un jeune homme a la faculté de réussir dans le monde, cela n'a que très peu d'importance s'il n'a pas les bonnes manières. d'un Chesterfield. La prédominance de cette idée s'explique par le grand nombre d'hommes bien instruits — des hommes capables et puissants – qui, intelligents et ne manquant pas d'intelligence, manquent cruellement d'une bonne éducation. Sans faute intentionnelle, ils sont maladroits, présomptueux et même vulgaires.

"Dans la plupart des pays", dit le *Toronto Week*, "homme instruit et gentleman sont des termes presque synonymes. De ce côté-ci de l'Atlantique, ils ne s'appliquent pas toujours au même homme. Les avantages éducatifs sont à la portée de toutes les classes sociales. les gens, même les personnes qui n'ont pas bénéficié d'un enseignement à domicile pour leurs bonnes manières, ou qui n'ont pas compté de personnes cultivées parmi leurs connaissances. De telles personnes, grâce à leurs capacités natives et à leur travail acharné, parviennent souvent à des positions élevées d'honneur et de confiance dans les diverses professions, et remporter le titre de « self-made ».

"Mais parce qu'un homme, par son intelligence, son énergie et son courage, construit sa propre fortune en se plaçant dans une position de premier plan, n'est-il pas très souhaitable qu'il cultive également les courtoisies de la vie, afin que le talent ne soit pas caché par la rudesse et la roulement inculte.

Nous rencontrons fréquemment des étudiants, en particulier ceux des petites universités, des gens bons, honnêtes, sérieux et ambitieux, qui travaillent dur pour se frayer un chemin dans le monde. Ils sont pauvres et viennent de foyers où la dure réalité de gagner sa vie ne leur laisse apparemment pas de temps pour la culture ; où les manières à table ne sont guère meilleures que celles du camp de bûcherons, et où les grâces d'un discours et de manières raffinées n'ont même jamais pris racine. Ils n'atteindront peut-être jamais un rang aussi élevé dans leurs études collégiales, ne poursuivront peut-être jamais les travaux préparatoires à une profession avec autant de diligence, mais ils seront toujours handicapés par leur ignorance de ces embellissements si nécessaires au succès social, et même commercial. Ils se trouvent continuellement désavantagés et leur manque de formation sociale est responsable d'échecs qui auraient pu être évités.

Parce qu'un homme est un bon avocat , il n'a pas le droit de dire qu'il peut être son propre tailleur, ou que des vêtements mal ajustés, s'ils lui appartiennent et sont de sa propre confection, conviennent aussi bien que ceux d'une bonne coupe. Il en est ainsi du géant intellectuel qui ne se soucie pas de ses manières. Il peut apprendre beaucoup de personnes moins talentueuses, qui sont néanmoins ses supérieures à bien des égards. Aussi désirable qu'il puisse être pour un jeune homme d'éviter les extravagances de l' esthète et de mépriser les impostures de la société, il ne peut se permettre de négliger les courtoisies de la vie ; et celui qui, tout en consacrant ses énergies aux mathématiques et aux classiques, s'occupe de l'amélioration de ses manières, réussit bien. C'est dans la jeunesse que se forment les mœurs ;

les efforts les plus acharnés ne parviendront pas à éradiquer complètement dans l'après-vie les habitudes gênantes formées dans la jeunesse.

Le jeune homme ambitieux, sur lequel Dame Fortune tourne déjà un sourire naissant, devrait s'arrêter et réfléchir à cette question. Parfois, il sera peut-être riche ; un jour, il pourra aspirer à une position élevée dans la société ou dans la vie publique, et il devrait commencer tôt à se préparer à la fière position qu'il entend occuper.

L'adresse extérieure d'un homme n'a pas peu d'influence sur son succès en affaires. L'attention polie et la volonté de répondre à toutes les demandes raisonnables, et souvent déraisonnables, de ses clients, de la part d'AT Stewart, lorsqu'il ouvrit son étroit magasin de linge à Broadway, furent un facteur presque aussi important dans son succès rapide dans l'obtention d'affaires que sa rapidité remarquable à découvrir les changements du marché et à adapter ses produits aux goûts et aux nécessités de ses clients. Cela marquait la retenue et la politesse des manières qu'il conserva jusqu'au bout.

Il est étrange que tout homme d'affaires n'apprécie pas la valeur commerciale de la politesse. L'écrivain connaît un employé employé dans une pharmacie de l'une des plus grandes villes du Maine. Il est si poli dans ses attentions envers les clients, si disposé à se rendre utile, si agréable dans ses manières, avec cette retenue et cette tranquillité qui caractérisent le gentleman et détruisent toute trace d'épanchement, qu'il s'est rendu inestimable à son employeur. On rapporte que, plus d'une fois, ses amis l'ont poussé à créer sa propre entreprise, mais son employeur, conscient de l'importance de son activité pour attirer et fidéliser les clients, l'a détourné de cette idée en lui accordant une généreuse augmentation de salaire. Des milliers d'employés et des milliers de professionnels et d'hommes d'affaires pourraient augmenter considérablement leur capacité de gain en accordant une plus grande attention aux règles de courtoisie acceptées.

Certains excusent une rudesse de manière en disant qu'ils détestent les affectations de toute sorte, qu'ils aiment la vérité, qu'ils sont parfaitement francs et francs. De telles personnes se targuent de leur naturel et, sous prétexte de franchise, elles blesseront par un langage grossier, vous insulteront et défendront leur maladresse et leur mauvaise éducation en invoquant des « manières naturelles ». Le naturel n'est pas toujours louable. Si la nature ne nous a pas investi de ces qualités qui plaisent aux autres, nous devrions essayer de l'améliorer. Les vérités les plus claires peuvent être véhiculées dans un discours civil, et il vaut mieux « assumer une vertu si vous ne l'avez pas ». S'opposer à la politesse sous prétexte que son langage est parfois insignifiant et exprimé pour l'effet, est aussi insensé qu'il le serait de s'opposer à la décoration de nos salons ou au port de bons vêtements.

Dans les compliments ordinaires de la bonne société, il n'y a aucune intention de tromper. Le langage poli est agréable à l'oreille et apaisant le cœur, tandis que les mots grossiers sont l'inverse, et même s'ils ne sont pas toujours le résultat d'un mauvais caractère, ils sont très susceptibles d'en être la cause.

Le motif de la politesse ne doit pas être le désir de briller ou de s'élever dans une société censée être meilleure que la sienne. Cultiver les bonnes manières n'est pas simplement un moyen de satisfaire la vanité personnelle, mais c'est un devoir que nous devons non seulement envers les autres mais envers nous-mêmes ; un devoir de nous rendre meilleurs à tous égards que nous ne le sommes. En effet, le véritable esprit des bonnes manières est si étroitement allié à celui des bonnes mœurs qu'ils semblent presque inséparables.

"Avez-vous déjà pensé à quel point l'armure de défense offerte par une parfaite politesse est invisible ?" demande *Harper's Bazar*. "Ni l'homme, ni la femme, ni l'enfant ne peuvent y résister. La servante irlandaise au caractère colérique , qui perd si facilement le contrôle de sa langue et qui « répond » avec une réplique brûlante, est déconcertée lorsque sa maîtresse la rencontre avec une courtoisie tranquille. La personne en colère, s'en va. garde et dire ce qu'il ne veut vraiment pas dire, est déjoué par la maîtrise de soi de son interlocuteur, qui n'a pas, un instant, oublié les manières gracieuses des bonnes manières.

La politesse est peut-être instinctive chez certains, mais pour la majorité, elle est une question d'entraînement, de discipline lente et minutieuse de la voix, de l'œil et du maintien. Sous cette formation, tous les aspects de la vanité personnelle et de la conscience de soi sont effacés, la personne se pare de grâce, d'aisance, de simplicité et de douceur, et ce qui peut sembler à l'observateur non averti comme la perfection du naturel peut être simplement la perfection de la culture. .

Les personnes très sensibles qui souffrent intensément de affronts imaginaires peuvent s'épargner bien des blessures en étant toujours aussi scrupuleuses dans le don que dans la courtoisie exigeante. Se laisser commettre une grossièreté, c'est s'exposer à la même chose. En rien ne devrions-nous être moins économes qu'en politesse. Cela devrait nous conduire à une reconnaissance prompte et généreuse de toute gentillesse, à des remerciements réactifs lorsqu'un cadeau, aussi petit soit-il, est apporté à notre porte. Cela devrait nous obliger à écouter avec une attention patiente même celui dont la conversation n'est pas divertissante, à rester assis apparemment absorbés lorsqu'en public nous assistons à un concert ou à une conférence. Cette armure défensive, si lisse, si polie, si facile à porter, rendra nos relations avec le monde agréables.

Le fait est que lorsque nous entrons en contact avec des êtres humains, n'importe où et dans n'importe quel métier, nous avons toutes les chances de recevoir en retour exactement ce que nous donnons.

Un homme qui est toujours un gentleman rencontre rarement des rebuffades, même de la part des plus grossiers et des plus grossiers. L'employeur qui utilise des paroles aimables envers ses ouvriers reçoit généralement des paroles aimables en retour.

ROBE.

"Aucune femme n'est laide si elle est bien habillée."

PROVERBE ESPAGNOL.

Car le vêtement proclame souvent l'homme.

HAMLET.

Je crois en la tenue vestimentaire. Je crois que Dieu se plaît aux belles choses, et comme il n'a jamais rien fait de plus beau que la femme, je crois que la manière de s'habiller et de se vêtir qui s'harmonise le mieux avec sa beauté est celle qui lui plaît le mieux.

JG HOLLANDE.

L'auteur de ce volume étant un homme, ce chapitre sur l'habillement est bien entendu écrit du point de vue d'un homme. Il sait très bien que s'il essayait d'écrire scientifiquement sur les vêtements féminins, il serait perdu. Personne d'autre qu'une femme ne peut faire cela. Celui qui s'y essaierait se retrouverait vite déconcerté par un dédale de termes et d'expressions techniques qui semblent absolument nécessaires pour décrire exactement ce que l'on entend. Il est cependant possible que l'auteur puisse avoir une compréhension mentale large du sujet, indépendamment et au-delà de la jolie finesse avec laquelle les écrivaines féminines traiteraient le sujet. Les vêtements sont les armes de la femme, une des ressources de la civilisation, avec lesquelles la femme marche à la conquête du monde masculin, et l'écrivain veut estimer du point de vue de l'homme à quel point les soies, les dentelles, les rubans et les velours avoir à faire pour influencer le cœur masculin.

Ce que l'on porte est accepté comme un indice de son caractère. Que cela soit comme cela devrait être ou non, c'est pourtant vrai ; et nous sentons tous, plus ou moins, que la grossièreté ou le raffinement trouvent leur expression visible dans l'habillement comme nulle part ailleurs. " Assurément, " dit *le Boston Journal* , " rien n'intensifie autant la personnalité que les vêtements que l'on porte ; par association, ils deviennent une partie de nous, aident à nous identifier, même d'une manière particulière et réactionnaire, servent à contrôler nos états mentaux. "

Beaucoup de femmes vous diront que leur remède le plus infaillible contre la lassitude et le blues est d'aller s'habiller avec l'une de leurs plus jolies robes. Beaucoup d'hommes vous diront qu'un rasage de près, du linge propre et des vêtements neufs ont un effet très revigorant et apaisant sur l'homme psychique aussi bien que physique.

L'affirmation souvent répandue selon laquelle les femmes s'habillent bien uniquement pour plaire aux hommes n'est qu'une fraction de la vérité.

Ils s'habillent pour plaire aux hommes ; se plaire les uns aux autres et se plaire à eux-mêmes. Lequel de ces trois motifs est le plus fort dépend de l'individu, car « tant qu'il y a des hommes et des hommes, il y a des femmes et des femmes et des femmes », et il est absurde de tenter d'analyser les motifs ou de formuler des principes qui s'applique à toutes les femmes.

Les hommes qui s'habillent bien le font pour les femmes et pour eux-mêmes. L'effet que leurs vêtements ont sur les autres du même sexe n'inquiète guère les hommes. Si toutes les femmes disparaissaient du monde, les tailleurs perdraient immédiatement la moitié de leur activité, car les hommes commenceraient immédiatement à user leurs vieux vêtements.

En règle générale, peu d'hommes se soucient beaucoup des beaux vêtements pour eux-mêmes, mais l'amour de la toilette est naturel chez la femme, et celle qui fait preuve d'indifférence à l'égard de son apparence personnelle se convainc soit d'indolence, soit d'autosatisfaction, soit de pédantisme. Une femme qui n'a pas de goût naturel en matière de tenue vestimentaire, qui ne prend pas un plaisir positif aux combinaisons de couleurs, qui n'aime pas les beaux vêtements pour le plaisir en soi, est une anomalie.

Les hommes ne remarquent pas les détails de la tenue vestimentaire d'une femme. Peu de gens en savent suffisamment sur le sujet pour distinguer l'étamine du *point d'esprit* . La description détaillée d'une nouvelle robe telle qu'elle est donnée dans un journal de mode est à peu près aussi intelligible pour l'homme moyen que les inscriptions sur une tablette assyrienne.

Ils acceptent la femme dans son ensemble et la considèrent, ainsi que ce qu'elle porte, comme une complétude harmonieuse, homogène et inanalysable. Si vous en doutez, demandez à un homme de vous dire comment une certaine dame était habillée lors d'une réception à laquelle elle avait assisté la veille. Peut-être l'a-t-il remarquée particulièrement pendant son séjour et vous a-t-il dit à ce moment-là qu'elle était convenablement vêtue. Il pourra peut-être vous dire qu'elle portait une taille rose ou que la couleur dominante de son costume était le bleu, mais là s'arrête sa connaissance du sujet.

S'il est vrai que les hommes ne prêtent que peu d'attention aux détails de la tenue vestimentaire d'une femme, à moins qu'elle ne soit manifestement mauvaise, beaucoup d'entre eux savent si elle est convenablement mise ou non. Même s'ils ne savent pas vraiment si le tissu d'une robe coûte cinq cents ou cinq dollars le mètre, ou si la robe elle-même est très à la mode, ils savent si son propriétaire la porte bien et si le tissu, le style et la couleur lui va bien. Peut-être, dans l'ensemble, un homme de bon goût est-il meilleur juge qu'une femme pour savoir si elle est convenablement habillée. C'est parce qu'ils envisagent le sujet sous des angles totalement différents. La femme élégamment habillée est, pour la femme moyenne, bien habillée, mais pas nécessairement pour l'homme. Certains hommes se demandent perpétuellement pourquoi les femmes n'ont pas le courage de rejeter certaines combinaisons et certains styles vestimentaires qui sont en eux-mêmes disharmonieux et laids, et, par conséquent, inconvenants pour celui qui les porte.

Il y a des années , on pensait que certaines couleurs convenaient à certains types de femmes. Il existait une tradition incontestée concernant les couleurs que la blonde devait porter, ainsi que celles qui convenaient à la brune. Ce n'était pas un diktat de la mode ; c'était un fait constaté par l'expérience. Ces derniers temps, ces traditions ont été ignorées par la mode, et la femme élégante porte n'importe quelle couleur ou combinaison qui lui plaît, mais souvent au sacrifice de sa beauté.

La mode ne peut pas changer les lois de cause à effet, les lois de l'harmonie, et si la brune décidée choisit de porter des couleurs qui ne conviennent qu'aux blondes , elle le fait au détriment de la moitié de sa beauté naturelle. Les hommes le ressentent et se demandent ce qui ne va pas.

y a quelques années, la mode a rendu très courant un style de chapeau de marin avec une petite couronne en forme de sablier. Ils étaient laids en eux-mêmes et, lorsqu'ils étaient perchés sur la tête, ils nuisaient à la beauté de tout visage. Rien de plus ridicule que de voir une grande et grosse fille, aux hanches larges et aux traits saillants, marchant dans la rue, la tête surmontée de cette parodie du plus convenable de tous les chapeaux pour une jeune femme : le marin. On songea tout de suite au coffret à dés que porte le ménestrel nègre pour se faire paraître le plus drôle possible. Un homme les a qualifiés avec humour de « les chapeaux qui portaient des corsets ». Les hommes ne les ont jamais aimés, mais des milliers d'entre eux étaient portés.

Du point de vue de l'homme , il vaudrait bien mieux que les femmes fassent une étude plus complète et plus sensée de leurs besoins individuels en matière de tenue vestimentaire et ne suivent pas aveuglément les décrets de la mode ; si davantage de femmes se rendaient compte que le vêtement adapté à une silhouette grande et mince est totalement inapproprié pour une silhouette corpulente et petite. Lorsque Sara Bernhardt a inventé le gant qui devait donner taille et forme à son bras mince et mal formé, elle a reconnu le but le plus élevé de la mode. Lorsqu'une femme a besoin d'un nouveau chapeau ou d'un nouveau bonnet, le conseil d'un homme serait le suivant : "Parcourez les tables jusqu'à ce que vous en trouviez un qui, par sa forme et sa coupe, vous convient et vous convient. Peu importe si ce n'est pas le tout dernier cri. style ; si cela convient à votre visage et à votre silhouette, prenez-le et vous ne le regretterez pas. »

En aménageant une pièce, nous comprenons que nous ne devons y mettre que ce qui la rend plus belle, et non ce qui est simplement joli en soi ; et si les femmes suivaient un plan semblable en matière de tenue vestimentaire, c'est- à-dire qu'elles ne portaient que ce qui leur convient et ne portaient pas d'objets simplement parce qu'elles les trouvent jolis et à la mode, les hommes seraient plus satisfaits. L'homme est attiré par la beauté même d'une femme, et le fait qu'elle soit à la mode ou non l'intéresse rarement le moins du monde. Ainsi, la fille qui voudrait s'habiller pour plaire aux hommes devrait, avant tout, porter ce qui mettra en valeur au mieux son attrait naturel de visage et de silhouette ; après cela, elle sera peut-être aussi à la mode que possible.

Sans aucun doute, beaucoup de filles attachent trop d'importance à s'habiller pour attirer l'autre sexe. Il arrive souvent que lorsqu'une jeune femme est invitée à une réception sociale, sa première pensée soit : « Que dois-je porter ? Sa deuxième pensée est : « Que dois-je porter ? » Cette question la préoccupe la plupart du temps jusqu'à ce qu'elle se rende à l'endroit où elle doit se divertir ; et lorsqu'elle entre dans la pièce, sa première pensée est : "Je me demande à quoi je ressemble." Si, après avoir examiné les autres demoiselles présentes, elle conclut qu'elle est aussi bien habillée que les autres, elle éprouve un sentiment de repos et de satisfaction et profite de la soirée. Elle s'imagine qu'elle doit être un objet d'intérêt pour les hommes, et dans une certaine mesure, elle l'est.

Les hommes aiment que les femmes soient « bien soignées ». Ils examinent toute son apparence d'un seul coup d'œil, puis ne prêtent que peu d'attention à la question des robes, des rubans, des pantoufles ou des écharpes. Ils veulent se divertir et s'amuser. Si la seule préparation qu'une jeune femme a faite pour se rendre attrayante et intéressante est le soin apporté à son apparence personnelle ; si ses ressources pour attirer consistent seulement en un joli visage et une silhouette gracieuse dans une jolie robe, elle ne deviendra jamais célèbre par ses conquêtes.

La simplicité, la propreté et la délicatesse d'une fraîcheur exquise sont pour un homme plus attrayantes que toute extravagance de mode ou le coût des matériaux. Aucun homme n'a jamais été incité à proposer à une fille par la splendeur de son costume. Bien sûr, il serait absurde d'affirmer que la beauté physique n'a aucune valeur ou que la tenue vestimentaire a peu d'importance. Cette fille qui est née physiquement belle a vraiment de la chance, et toute fille de bon sens sait qu'une jolie robe ou un chapeau convenable est important. Ce qu'il faut qu'elle comprenne, c'est qu'il doit y avoir quelque chose de mieux sous ce chapeau qu'un joli visage, pour son propre bonheur et pour être très attirante aux yeux des autres.

Tout comme certaines personnes sont censées être nées magnétiques, de même certaines femmes sont censées avoir une manière particulièrement attirante de porter des vêtements qui défie toute imitation.

Un écrivain du *Springfield Republican a déclaré* : « Il y a quelque chose de subtil qu'on ne peut pas saisir sur la lame microscopique, qui refuse d'être réduit à des pourcentages, qui déroute la description, et c'est la manière dont certaines femmes portent leurs vêtements. avec des visages de valeur égale et des vêtements de texture identique ne produiront pas d'effets équivalents, parce que l'une a cette qualité indéfinissable, et l'autre ne l'a pas. C'est pourquoi on entend souvent dire que certaines filles sont plus jolies en calicot que d'autres en étoffe plus riche. "

Qu'il y ait une différence marquée dans la manière dont les différentes femmes portent leurs vêtements, personne ne le niera, mais parce que certaines filles ont une meilleure apparence que d'autres dans la même matière, est-il nécessaire de considérer cela comme incompréhensible, ou de déclarer que cela « déroute la description » ? L'écrivain n'est pas allé assez loin dans sa description des deux jeunes filles. Bien que leurs visages aient la même valeur et que leurs vêtements soient du même tissu, il pourrait y avoir d'autres différences qui expliqueraient cette « qualité indéfinissable ». Peut-être que l'un était agréable et l'autre non. L'un était maladroit en personne et dans ses paroles, tandis que l'autre était plein de tact et de grâce. L'un était ennuyeux ; l'autre intéressant. La différence résidait dans des caractéristiques physiques et mentales, et non dans une qualité qui « déroute la description ». C'est en effet une différence facile à comprendre et à analyser.

Si deux filles ont des visages et des formes de valeur égale, et sont également gracieuses, pleines de tact et de bonnes manières, leurs vêtements, s'ils sont de même forme et de même matière, seront portés à peu près de la même manière et produiront à peu près le même effet.

Aucun homme, quelle que soit sa position dans le monde, ne peut se permettre de négliger son apparence personnelle. L'habillement ne fait peut-être pas l'homme, mais nous avons tous dans notre esprit une idée très claire de ce qu'est un homme par son habillement. Nous obtenons notre première impression des personnes par ce qu'elles portent ; notre deuxième jugement est formé de leur conversation et de leurs manières.

L' homme bien habillé est plus attirant pour les autres et il se sent beaucoup mieux lui-même que s'il était vêtu de manière négligente. Avez-vous remarqué la merveilleuse transformation qui se produit chez un homme lorsqu'il enlève ses vêtements de tous les jours et enfile un costume ? Pendant la journée, il peut avoir une apparence négligée et même négligée, mais dès qu'il enfile une chemise bien lavée, un col montant, une cravate en lin fraîche et un tailleur, il semble complètement changé. Il a l'air de cinq à dix ans plus jeune, et à ses manières, vous savez qu'il se sent plus jeune. Il est en meilleurs termes avec lui-même et avec le monde.

Chaque femme préfère un homme parce qu'il est bien habillé. Elle peut excuser, ou négliger, la négligence ou même la négligence dans son apparence personnelle, si elle l'aime beaucoup, mais elle l'aimerait beaucoup plus s'il était propre, bien rangé et de bon goût. Elle peut pardonner sa cravate verte et jaune, elle peut négliger son linge sale, elle peut ne pas faire allusion à son manteau au col couvert de poussière et de pellicules ; elle ne lui fait peut-être pas savoir qu'elle a même remarqué l'une de ces choses, mais elle l'a fait. Elle pense à eux chaque fois qu'il est avec elle, et parfois lorsqu'elle est loin de lui, et elle souhaite qu'il soit différent. Elle peut l'aimer malgré ces défauts. Les femmes aiment généralement les hommes malgré tout. Si un homme remarquait deux fois moins de choses chez une femme qui ne lui plaisaient pas , il ne l'aimerait jamais du tout.

Laissant de côté le fait que les femmes aiment avoir des hommes soignés et même élégants dans leurs vêtements, aucun homme qui cherche à se frayer un chemin dans les affaires ou dans une profession ne peut se permettre d'être négligent à propos de ses vêtements.

"Quelques hommes", dit *le Lewiston Journal* , "vêtus d'une sérénité d'âme qui se rapproche de la folie du génie, peuvent se permettre de se vêtir mal. Le président Lincoln a reçu l'autorisation gratuite de porter des redingotes inconvenantes. Horace Greeley pourrait porter une robe en lin. " Duster avec grâce et sérénité. Mais ils étaient uniques. Ils pouvaient rendre la mode insignifiante, mais vous et moi ne pouvons pas le faire, si nous voulons nous déplacer au milieu de la foule de gens occupés cherchant à monter dans la voiture du progrès. "

Aucun meilleur conseil n'a été donné aux hommes en matière de tenue vestimentaire que dans un article paru dans *Success* . Un court extrait de l'article clôturera ce chapitre.

"Les vêtements sont l'un des critères acceptés selon lesquels les hommes sont jugés dans le monde entier. Ils constituent le principal critère de première impression ; c'est pourquoi, pour cette seule raison, il serait difficile de surestimer leur importance. Ils montrent d'un coup d'œil si un homme est soigné ou désordonné, prudent ou insouciant, méthodique ou insouciant, et quel genre de goût il a. Rien d'autre en lui ne reflète autant ses caractéristiques personnelles. Il n'est donc pas surprenant d'être entendu par ceux qui donnent chaque année un emploi à des milliers de personnes. hommes et garçons, que davantage de candidats sont refusés en raison de leur apparence personnelle que pour toutes les autres raisons réunies. Mais certains seraient très surpris s'ils savaient à quel point cette règle est largement appliquée.

L' homme bien habillé est celui dont les vêtements ne font pas l'objet de commentaires, soit parce qu'ils sont voyants, soit parce qu'ils sont miteux. Il ne va jamais aux extrêmes de la mode, courtisant ainsi la notoriété ; il ne va jamais à l'autre extrême en ne prêtant aucune attention à ce qu'il porte ou à la façon dont il le porte. Il est toujours modeste dans sa tenue. Il se conforme aux coutumes établies consistant à changer de tenue vestimentaire selon les circonstances, sans se rendre esclave de la réforme. Il ne porte pas toujours des vêtements coûteux, et il n'est pas du tout nécessaire qu'il le fasse. Mais il est toujours propre et soigné, ou, comme le dit aujourd'hui, il est « bien soigné ».

L'OPTIMISTE.

L'habitude de voir le bon côté des choses vaut bien plus que mille livres sterling par an.

—SAMUEL JOHNSON.

"Plus de la moitié du malheur dans le monde vient du refus d'une personne de regarder le bon côté tant qu'un côté obscur peut être découvert."

Nous aimons tous les optimistes. Cet homme brillant, joyeux et bon enfant, qui regarde toujours à travers les nuages et voit son côté positif, est un bon tonique pour nos dispositions les plus pessimistes. Si donc vous souhaitez vous rendre agréable aux autres et à vous-même, cultivez l'habitude de la gaieté, de toujours regarder du bon côté. Ayez un visage agréable ; que la gaieté rayonne dans tes yeux ; laissez l'amour écrire sa marque sur votre front, et ayez des paroles aimables et une salutation agréable pour ceux que vous rencontrez. N'oubliez pas de dire « bonjour ! » et dites-le chaleureusement. Dites-le à vos frères et sœurs, à vos camarades de classe, à vos parents, à vos professeurs et à vos amis. Des salutations agréables et chaleureuses réconfortent les découragés, reposent les fatigués et facilitent le fonctionnement de la vie. Ils déblayent les sentiers épineux, se font des amis et confondent les ennemis. En fait, il est impossible de résister à l'influence de la gaieté. Qu'un visage brillant rayonne sur les ténèbres de la défaite, brille sur la demeure de la pauvreté ; illumine la chambre de la maladie et comment tout change sous son influence bénigne.

La victoire devient possible, la compétence promet un avenir doré et la santé est à nouveau courtisée.

D'un autre côté, vous ne pouvez pas estimer la quantité de malheur que vous pouvez causer en affichant un visage assombri et en prononçant des paroles dures et méchantes.

Beaucoup de personnes s'inquiètent et se plaignent tout au long de leur vie. Ils ne semblent jamais avoir un élan généreux.

"Ils semblent être venus au monde au cours d'une de ces journées froides, sombres et sombres, où il n'y avait rien pour allumer un feu. Ils ont apparemment grandi dans la même atmosphère sombre et y vivent toute leur vie. vies. Vous voyez leur petitesse dans tout ce qu'ils font et disent . Vous le voyez dans leurs achats et leurs ventes, dans leurs paroles et dans leurs actions. On les a à juste titre appelées « les grenouilles qui constituent l'un des fléaux de la société ». Ils n'ont jamais réjoui un seul cœur, ni versé un seul rayon de soleil sur un homme, une femme ou un enfant. »

Il est tout aussi facile d'être gentil que d'être contrarié, et aussi facile de donner du plaisir que de faire souffrir. Cela ne coûte rien ; c'est un sourire, un mot reconnaissant, une mention de ce dont on aime entendre parler plutôt qu'une référence irritante.

Si votre pasteur a prêché un sermon qui vous a intéressé et aidé, dites-le-lui. Cela l'encouragera et l'encouragera, et il essaiera de vous donner des sermons encore meilleurs à l'avenir. Rappelez-vous que le prédicateur est beaucoup plus humain que la plupart des gens ne le pensent, et qu'aucun homme n'accorde autant d'importance aux paroles authentiques et viriles de bonne humeur, de sympathie et d'affection. Si votre épicier vous a vendu quelque chose de particulièrement bon, dites-le-lui. Sans doute avez-vous souvent critiqué le thé, la farine et la viande ; alors pourquoi ne pas le surprendre en lui faisant savoir que vous appréciez une bonne chose lorsque vous l'obtenez.

Peut-être avez-vous des enfants qui fréquentent les écoles publiques. Peut-être que leur professeur, à force de patience, de tact et en dépensant beaucoup de force nerveuse, a réussi à les intéresser à leurs études comme ils ne l'avaient jamais fait auparavant. Ne pensez-vous pas que cela l'inciterait à faire encore plus d'efforts si vous lui disiez lors de votre rencontre : « Mes enfants réussissent bien à l'école ce trimestre. Ils vous aiment bien et s'intéressent à leur travail. Sans doute avez-vous souvent critiqué sévèrement les enseignants, les méthodes et la direction de l'école, et vous avez été très libre dans vos propos de condamnation. Pourquoi ne pas aider un peu en exprimant votre approbation si vous pouvez le faire honnêtement.

Faites plaisir à votre femme, si vous en avez une. Remarquez ses efforts minutieux pour rendre la maison confortable ; complimentez son dîner et montrez que vous appréciez les mille choses qu'elle fait pour votre confort. Il n'y a pas de plus grande démonstration de courage héroïque que celle que l'on voit chez quelqu'un qui vit dans une maison triste qu'il fait de son mieux pour égayer, et qui use les années dans un désir insatisfait de mots et de témoignages d'amour et de sympathie qui ne lui viennent jamais.

N'ayez pas peur de donner quelque chose de vous-même, de vous laisser aller un peu ; et ne crains pas que ton cœur s'enfuie avec ta tête. Ne confondez pas le sentiment avec le sentimentalisme, et n'hésitez pas à louer une chose ou un acte s'il en est réellement digne. Vous devez le faire pour votre propre bien ainsi que pour rendre les autres heureux.

"Pour mon propre bien", dites-vous. "En quoi cela m'aidera-t-il si je fais l'éloge d'un autre ?" La louange, lorsqu'elle est méritée, a plus d'importance pour celui qui la donne que pour celui qui la reçoit.

« La louange n'affecte pas immédiatement le mérite de celui à qui elle est décernée », disait récemment un écrivain, « mais elle affecte immédiatement le mérite de celui à qui elle appartient. Si un homme mérite des éloges, il est tout aussi précieux . homme sans elle comme avec elle ; mais aucun homme ne peut être aussi homme, ni paraître autant homme, en retenant la juste louange qu'en l'accordant.

Dans les petites choses comme dans les grandes, reconnaître le mérite d'autrui est un devoir dont l'accomplissement est encore plus important à celui qui le doit qu'à celui à qui il est dû. Nous ne manquons pas d'exprimer notre appréciation des actes héroïques, mais c'est dans la vie commune, quotidienne, que les mots d'appréciation sont le plus cruellement nécessaires et trop rarement prononcés. Beaucoup de femmes auraient été grandement réconfortées et aidées dans de nombreux moments difficiles, si, pendant leur vie, elles avaient pu entendre la moitié autant de belles choses qui lui étaient dites par ceux qu'elles aimaient, que celles qui en ont été mises dans son sermon funéraire et sa notice nécrologique.

Il y a, bien entendu, une grande différence entre l'expression d'une appréciation juste et délicate du mérite et cet éloge faux et exagéré qui est dicté par le désir de flatter. La première est toujours reçue avec plaisir, mais la seconde blesse la susceptibilité de ceux à qui on la prodigue. Pour un esprit correctement constitué, il y a peu de choses plus douloureuses que des éloges immérités, voire excessifs. La flatterie n'est jamais excusable ; les éloges mérités ne devraient jamais être refusés.

Ne soyez pas râleur. Existe-t-il une personne plus importune que le grogneur chronique ? Lorsque nous le rencontrons , il commence par grogner à propos du temps qu'il fait ; puis vous êtes diverti avec un long récit de ses douleurs, de ses épreuves et de ses pertes. Rien ne lui plaît. Ses voisins sont malhonnêtes, les membres de l'église sont des hypocrites, les fonctionnaires sont, à son avis, tous des voyous, les législateurs sont corrompus et le pays s'en prend aux chiens. Si vous faites l'éloge d'un individu, il tente immédiatement de le rabaisser à votre avis. Si vous faites l'éloge d'une cause ou d'une institution, il trouvera certainement à redire à ce que vous dites. Il souhaite votre sympathie pour ses ennuis, mais il n'en a aucune à donner.

Nous avons tous soif de sympathie, mais si nous n'y prêtons pas attention, nous pouvons épuiser la patience, même celle de nos meilleurs amis, en récitant nos ennuis. Si vos douleurs sont si intenses, le meilleur conseil pour vous est de « sourire et de le supporter ». C'est très bien d'être un invalide intéressant pendant une courte période. Vos voisins vous apporteront de bonnes choses à manger, et vos amis vous apporteront de jolies fleurs à regarder et des livres à lire, mais ne restez pas trop longtemps au lit si vous pouvez l'empêcher, et ne vous portez pas trop longtemps et triste. un visage lorsque vous êtes en convalescence. Cela ne soulagera pas du tout votre douleur de dire à tous ceux que vous rencontrez combien vous souffrez, et lorsque vos amis ont sympathisé avec vous une douzaine de fois , ils en ont un peu marre. Ce conseil mérite d'être mis en pratique, non seulement pour le bien de vos amis, mais aussi pour le vôtre. Le fardeau joyeusement supporté devient léger, et tout médecin sait que le patient plein d'espoir et joyeux a beaucoup plus de chances de guérison que celui découragé. Dans notre vie à tous, il y a des heures d'anxiété, de déception, de douleur et de vexation ; des saisons d'épreuves qui ne doivent être affrontées qu'avec une patience obstinée. La grandeur de l'âme est mise à l'épreuve par la sérénité avec laquelle ces maux inévitables sont supportés et finalement surmontés. Le petit esprit s'inquiétera, s'irritera et s'enflammera pour de petites choses, tout comme le petit ruisseau sur son lit étroit et caillouteux, tandis que la rivière profonde et forte se déplace rapidement et silencieusement sur les rochers qui se trouvent à son fond.

"Mais, dites-vous, même si les conseils sont bons, il est très difficile de les suivre." Oui, mais il est vraiment plus difficile de ne pas y prêter attention. "L'oiseau qui frappe contre les barreaux de fer de sa cage souffre plus que le patient captif."

Riez autant que vous pouvez. C'est bon pour toi. Les médecins nous disent que rire a un effet direct et positif sur la santé. Le mouvement physique provoqué par un rire chaleureux provoque la dilatation des artères et l'accélération du flux sanguin, favorisant ainsi une accélération des processus vitaux ; et une action mentale par la stimulation des vaisseaux sanguins du cerveau. Celui qui administre un remède sous forme d'esprit et d'humour au cœur triste est assurément un « bon Samaritain ».

La philosophie irrésistible et pleine de bonne humeur de Mark Twain a soulagé la dépression et le chagrin de multitudes. Il nous a fait rire et sa mission dans le monde a été bénéfique. Un visage joyeux est aussi bon pour un malade qu'un temps agréable. La gaieté est la santé, la mélancolie est la maladie. La gaieté est tout aussi naturelle au cœur d'un homme en bonne santé morale et physique que la couleur de ses joues, et partout où nous voyons une tristesse habituelle, nous pouvons être sûrs qu'il y a quelque chose de radicalement mauvais dans l'économie animale ou dans le sens moral.

Sydney Smith a donné un jour à une dame vingt-deux reçus contre la mélancolie. L'un était un feu vif ; une autre, pour se souvenir de toutes les choses agréables qu'on lui disait ; un autre, pour garder une boîte de dragées sur la cheminée et une bouilloire qui mijote sur la plaque de cuisson. Ce sont des choses insignifiantes en elles-mêmes, mais la vie est faite de ces petits plaisirs et aucun ne doit être négligé en raison de leur nature apparemment insignifiante.

Si notre tempérament ne nous rend pas naturellement joyeux, nous pouvons du moins cultiver les habitudes du corps et de l'esprit qui semblent les plus favorables au développement de cet état. Nous pouvons garder l'esprit ouvert aux impressions joyeuses et le fermer à celles qui sont sombres. Il vaut bien mieux magnifier nos bénédictions que de les déprécier. L'Espagnol dont Southey raconte qu'il mettait toujours ses loupes lorsqu'il mangeait des cerises, pour les faire paraître plus grosses, avait la véritable philosophie de la vie. Les anciens Pompéiens semblent donc avoir bien compris l'art de tirer le meilleur parti de tout. Leurs jardins étaient très petits, mais en peignant les murs d'enceinte avec des plantes et des paysages, leur petit espace s'est indéfiniment agrandi aux yeux de l'observateur.

PARTICULARITÉS PERSONNELLES.

« L'excentricité peut être inoffensive, mais elle ne peut jamais être louable ; elle est l'un des enfants de ce défaut prolifique qu'est la vanité. Et qu'elle se manifeste dans les sentiments, les manières ou les particularités vestimentaires, elle est clairement mise en œuvre à partir de la supposition présomptueuse que le plus grand nombre a tort, l'individu a raison. »

La société pardonnera beaucoup au génie et aux dons spéciaux, mais, étant par nature une convention, elle aime ce qui est conventionnel ou ce qui appartient au rassemblement. Cela fait les bonnes et les mauvaises manières, c'est-à-dire ce qui aide ou gêne la communion fraternelle.

EMERSON.

Nous savons tous que l'adresse extérieure d'une personne a une grande influence sur sa réussite tant dans le monde social que dans le monde des affaires. Des milliers d'hommes et de femmes sont, dans leurs efforts pour plaire, gênés par quelque particularité personnelle qui est douloureusement apparente aux autres, mais qu'ils semblent eux-mêmes totalement ignorer. Des milliers de professionnels et d'hommes d'affaires sont empêchés d'atteindre le succès qu'ils pourraient atteindre à cause d'une infélicité dans leurs manières ou dans leur discours, à laquelle il serait possible de remédier par un petit effort minutieux.

Voici un médecin qui s'est soigneusement préparé à sa profession par des années de dures études et par la dépense d'une somme d'argent considérable, mais il connaît peu la nature humaine et peu les exigences de la bonne société. Il n'a aucun tact et n'a pas jugé nécessaire de cultiver cette qualité. Il est froid et antipathique. Il n'a aucune capacité à se faire des amis ou à les garder. Il n'est pas sociable, et il ne se rend pas agréable à ses malades par ces petits gestes de bonté et ces discours sympathiques qui réconfortent si les malades. Il se sent bien préparé à exercer sa profession et considère les défauts personnels comme peu importants. D'autres hommes, moins compétents, mais dotés de plus de tact, le devancent bientôt dans la course aux faveurs du public. Il ne parvient jamais à acquérir une grande pratique et, peut-être, n'en connaît jamais la raison.

Un jeune homme postule pour un poste d'enseignant. Il est bien équipé en matière d'études pour le poste qu'il souhaite, car il a dirigé sa classe à l'université, et il est hautement recommandé en tant que jeune homme intègre et sérieux. Après un bref entretien, le directeur des écoles décide qu'il n'est pas l'homme du poste et le candidat s'en va déçu. Pourquoi a-t-il été rejeté ? Non pas en raison d'un manque d'érudition, ni d'un manque de moralité, mais simplement à cause de son apparence personnelle. Il était en désordre dans sa robe. Son linge était sale, son manteau n'était pas brossé, ses poignets étaient effilochés sur les bords, tandis que ses ongles témoignaient qu'il était habituellement peu soucieux de sa propreté et de sa propreté. Le commissaire décida aussitôt qu'il ne voulait pas de lui, et le jeune homme ne savait pas pourquoi.

Voici une jeune femme belle, intelligente et accomplie. Apparemment , elle possède toutes les qualités nécessaires pour faire d'elle une favorite de la société et elle semble mériter une foule d'amis. Pourtant, elle n'est pas très recherchée par ses connaissances et elle a peu d'amis solides. Les jeunes hommes ne lui prêtent que peu d'attention et semblent avoir peur d'elle. D'autres filles, moins brillantes intellectuellement, avec moins de réalisations et avec des visages plus simples, sont bien plus préférées dans la société. Sa faiblesse particulière est qu'elle s'est laissée aller à l'usage du sarcasme à un degré qui est offensant pour ceux avec qui elle parle. Elle a l'habitude de dire des choses désagréables et mordantes avec humour, et elle ne soupçonne jamais que cela blesse les gens. Elle a cultivé cette habitude à un tel degré qu'elle peut toujours rire aux dépens de quelqu'un, et elle est constamment à l'affût des occasions d'exercer cet accomplissement. Finalement, elle se rend compte qu'elle ne tient pas à ses amis ; qu'elle est parfois méprisée en matière d'invitations ; qu'elle n'est pas une fille populaire et qu'elle ne sait pas pourquoi.

Un certain ecclésiastique est un bon prédicateur, capable d'attirer, d'instruire et d'inspirer les auditoires les plus cultivés, mais il est exclu de sa propre sphère d'utilité et d'influence, et empêché d'atteindre la position pour laquelle ses dotations le qualifient, par un une affaire qui peut paraître insignifiante en soi, mais qui est devenue offensante à cause de son emprise persistante sur lui. Il fait preuve d'un manque de déférence envers les sentiments des autres, d'un ton de voix arrogant et antipathique, et cède parfois, face à l'opposition, à une violence effrénée du langage. Il trahit sa faiblesse chaque fois que quelqu'un contrevient à ses plans et à ses désirs. Il lui semble difficile de comprendre que les autres ont un droit égal à leurs préférences et à leurs opinions. Il oublie que s'il est facile d'être aimable lorsque tout le monde est d'accord avec lui, le test du caractère consiste à garder un caractère doux et raisonnable lorsque les gens diffèrent de lui et le critiquent . Il comprend son pouvoir d'émouvoir le public ; des personnes compétentes pour juger lui disent que ses sermons sont supérieurs ; il sait qu'en termes de qualités intellectuelles supérieures, il surpasse beaucoup d'autres ecclésiastiques qui obtiennent et conservent des positions éminentes ; Pourtant, la douloureuse vérité lui est imposée : ses services de pasteur ne sont pas recherchés, tandis que des prédicateurs inférieurs sont sélectionnés pour des places de pouvoir et d'influence.

Un homme se lance dans le commerce. C'est un acheteur avisé, énergique, honnête et qui conserve un bon assortiment de produits, mais il n'est pas obligeant envers les clients. Il est court et grossier dans son discours, irritable et parfois presque grossier dans ses manières ; par conséquent il ne retient pas ses clients. Ils le quittent un à un et font leurs achats dans d'autres magasins où ils reçoivent une attention polie. Le commerçant ne prospère pas en affaires, et il ne sait jamais pourquoi.

Voici une femme qui se targue de parler franchement. Elle se vante que lorsqu'elle a quelque chose à dire, elle est prête à le dire en face et non dans le dos. Elle pense que c'est une marque de sincérité et de franchise que de dire des choses désagréables et de faire ressortir ses infirmités. Ses tendances deviennent finalement des habitudes figées. Elle se retrouve rejetée par ses connaissances, et elle ne sait pas pourquoi.

Ensuite, il y a la femme bavarde, celle qui monopolise la conversation, celle qui manifeste un mépris pour le paragraphe et la ponctuation. Quel que soit le sujet de la conversation, elle en prend immédiatement la direction elle-même, et les autres membres de la compagnie sentent immédiatement qu'ils ne sont censés être que des auditeurs. La femme bavarde peut bien parler – elle le fait souvent – mais elle ne comprend pas qu'il peut y avoir trop de bonnes choses, et ainsi elle parle encore et encore, avec un mépris total pour les droits et le confort de l'homme. ceux qui l'entourent.

Un homme professionnel, qui possède beaucoup de force intellectuelle et d'originalité, est fier de son caractère non conventionnel en matière vestimentaire. Ses vêtements sont si éloignés du style dominant qu'ils attirent l'attention et invitent aux commentaires. Il ne se rend pas compte que l'homme qui se rebelle contre la mode peut être encore plus exposé à l'imputation de vanité que celui qui y obéit, parce qu'il se fait remarquer et annonce pratiquement qu'il est plus sage que ses associés. Une affectation d'une simplicité supérieure est la vulgarité.

Arrêtez-vous un instant et rappelez-vous vingt hommes et femmes que vous connaissez. Vous vous souviendrez sans doute que les deux tiers d'entre eux présentent une particularité, un défaut d'élocution ou de manière qui nuit à leur réussite sociale et commerciale, ou à leur utilité. L'un est un potin ; un autre possède un caractère emporté, tandis qu'un troisième est intellectuellement malhonnête, ne cédant jamais à sa position, même sous la preuve la plus absolue qu'il a tort. Un de vos amis est pessimiste et cherche continuellement à vous convertir à son point de vue, tandis que sa femme est si curieuse que vous devenez aussitôt nerveux lorsque vous apercevez son approche. Une jeune femme de votre connaissance serait une personne des plus charmantes si elle ne riait pas trop. Une conversation avec elle est, de sa part, un rire perpétuel.

Ces personnes peuvent généralement être bonnes, intelligentes et, à bien des égards, charmantes, mais malheureusement, elles sont gênées par ces déficiences. Ils sont devenus si inconscients de ces traits personnels qu'ils seraient sans doute grandement surpris si leur attention était attirée sur eux. L'effet de ces défauts sur les autres est cependant tout aussi malheureux que s'ils étaient intentionnellement retenus et nourris, car nous considérons généralement l'attitude extérieure comme un véritable indice de l'émotion intérieure.

Si tant de nos connaissances manifestent des particularités qui nous affectent désagréablement, n'est-il pas possible que nous soyons, nous aussi, porteurs de quelque mal de caractère remédiable, d'une infirmité surmontable dans les manières ou dans le langage, qui fait obstacle à notre propre utilité, parce que pénible pour ceux-là. avec qui sommes-nous jetés ?

Pensons-y.

SUGGESTIONS DE NOMBREUSES SOURCES
POUR
L'HOMME QUI FERAIT PLAISIR ET
LA FEMME QUI CHARMERAIT.

Un gentleman ne fait pas de bruit ; une dame est sereine.

EMERSON.

---

donc beaucoup parlé et j'ai été infiniment satisfait des capacités conversationnelles de Brandon, qui étaient rares ; n'étant rien de moins que la capacité de ne rien dire et d'écouter poliment une phrase indéfinie de la même chose, sous une autre forme, de ma part.

CHARLES MAJOR.

Parlez des sujets que vous avez depuis longtemps en tête et écoutez ce que les autres disent des sujets que vous avez étudiés récemment. Les connaissances et le bois ne devraient pas être beaucoup utilisés tant qu'ils ne sont pas séchés.

Ô HOLMES.

Une belle forme vaut mieux qu'un beau visage ; un beau comportement vaut mieux qu'une belle forme ; cela donne un plaisir plus élevé que les statues ou les tableaux ; c'est le plus beau des beaux-arts.

EMERSON.

Ne croyez rien contre autrui si ce n'est de bonne autorité, et ne signalez pas ce qui peut nuire à autrui, à moins que cela ne cause un plus grand mal à autrui que de le cacher.

WILLIAM PENN.

"La vie est comme un miroir. Elle reflète le visage que vous lui apportez. Regardez le monde avec amour, et le monde vous regardera avec amour."

Mais ce sont surtout mes propres rêves dont je parle, et cela m'excusera quelque peu de parler de rêves. Tout le monde sait combien sont délicieux les rêves qu'on fait soi-même, et combien sont insipides les rêves des autres. J'ai eu une illustration de ce fait il n'y a pas longtemps, quand un groupe d'entre nous a commencé à raconter des rêves. J'avais de loin les meilleurs rêves qui soient ; pour être tout à fait franc, mes seuls rêves valaient la peine d'être écoutés ; ils étaient richement imaginatifs, délicatement fantastiques, délicieusement fantaisistes et humoristiques au dernier degré ; et je m'étonnais que, lorsque les autres auraient pu les écouter, ils étaient toujours désireux d'intervenir avec quelque chose de stupide, d'insensé et de mauvais goût, qui me faisait pitié et honte pour eux. Je n'irai pas trop loin si je dis que c'était de leur part la plus grossière trahison de vanité dont j'aie jamais été témoin.

WILLIAM DEAN HOWELLS.

"C'est une grande erreur de supposer que donner ne concerne que les avantages matériels. Ceux-ci ne constituent en effet qu'une petite partie de sa mission. Celui qui crée le bonheur, que ce soit par une salutation bienveillante, ou une tendre sympathie, ou une présence inspirante, ou une pensée stimulante, est un donateur aussi vrai que celui qui vide sa bourse pour nourrir celui qui a faim. »

La politesse et les bonnes manières sont absolument nécessaires pour orner toutes autres qualités ou talents. Sans eux, aucune connaissance, aucune perfection quelle qu'elle soit, n'est vue sous son meilleur jour. Le savant, sans bonne éducation, est un pédant ; le philosophe, un cynique ; le soldat une brute ; et tout homme, désagréable.

SEIGNEUR CHESTERFIELD.

"Le tact, bien qu'en partie un don naturel, doit beaucoup à l'éducation et aux premières habitudes. On constatera souvent que la supériorité d'un sexe sur l'autre à cet égard dépend de l'art tout autant que de la nature."

"Jamais le silence n'est plus éloquent que lorsqu'il est préservé envers des personnes plus âgées que nous lorsqu'elles expriment des opinions depuis longtemps prouvées erronées. L'âge n'aime pas être contredit, qu'il soit vrai ou faux."

Dans la suprématie de la maîtrise de soi consiste l'une des perfections de l'homme idéal : ne pas être impulsif, ne pas se laisser pousser ici et là par chaque désir qui à son tour s'impose ; mais être retenu, équilibré, gouverné par la décision commune des sentiments réunis en conseil, devant lequel chaque action aura été pleinement débattue et calmement déterminée.

Herbert Spencer.

Dans le catalogue inépuisable des miséricordes du ciel envers l'humanité, le pouvoir que nous avons de trouver quelques germes de réconfort dans les épreuves les plus dures doit toujours occuper la première place ; non seulement parce qu'elle nous soutient et nous soutient lorsque nous avons le plus besoin d'être soutenus, mais parce que dans cette source de consolation il y a quelque chose, nous avons toutes les raisons de croire, de l'Esprit Divin ; quelque chose que, même dans notre nature déchue, nous possédons en commun avec les anges.

Diable.

"Lorsque vous enterrez l'animosité, n'installez pas de pierre tombale sur sa tombe."

---

je n'ai jamais eu J'ai du mal à réguler mon propre business , mais je garde les autres honnêtes gens , c'est ce qui me dérange.

Josh Billings.

"Des centaines de personnes parmi les plus agréables de la société à la mode sont celles qui se contentent d'apprendre ce qu'elles savent déjà."

Il vaut mieux rendre délicatement un éventail tombé que de donner mille livres maladroitement ; il vaut mieux refuser une faveur avec grâce que de l'accorder maladroitement. Tout votre grec ne pourra jamais vous faire passer de secrétaire à envoyé, ou d'envoyé à ambassadeur , mais votre adresse, votre air, vos manières, si elles sont bonnes, le peuvent.

Seigneur Chesterfield.

"L'art de ne pas entendre devrait être appris par tous. Il est tout aussi important pour le bonheur domestique qu'une oreille cultivée, pour laquelle il faut dépenser de l'argent et du temps. Il y a tant de choses qu'il est pénible d'entendre, tant de choses que nous ne devrait pas entendre, tant de choses qui, si elles sont entendues, perturberont l'humeur, corrompront la simplicité et la modestie, nuiront au contentement et au bonheur, que chacun devrait être éduqué à capter ou à exclure les sons selon son plaisir.

Une fois par semaine.

"Les larmes les plus amères versées sur les tombes sont pour les paroles non dites et les actes non accomplis. Elle n'a jamais su à quel point je l'aimais. Il n'a jamais su ce qu'il était pour moi. J'ai toujours voulu tirer davantage parti de votre amitié. Je ne savais pas ce qu'il était pour moi. était pour moi jusqu'à son départ. Telles sont les flèches empoisonnées que la mort cruelle nous renvoie depuis la porte du sépulcre .

Nous ne sommes vraiment vivants que lorsque nous bénéficions de la bonne volonté des autres.

GOETHE.

Une différence de goût dans les plaisanteries met à rude épreuve les affections.

GEORGES ELIOT.

"La puissance n'a pas la moitié de la puissance de la douceur."

La manière est importante. Un non aimable est souvent plus agréable qu'un oui brutal.

BENGEL .

Nous sommes toujours malins avec ceux qui s'imaginent que nous pensons comme eux. Pour être superficiel, vous devez être différent des gens ; pour être profond, vous devez être d'accord avec eux.

BULWER.

Si vous voulez gâcher tout ce que Dieu vous donne ; si vous voulez être vous-même malheureux et créer du malheur pour les autres, le chemin est assez simple. Soyez seulement égoïste, et cela se fera immédiatement.

CHARLES KINGSLEY.

Le langage nous a été donné pour que nous puissions dire des choses agréables.

BOVÉE .

"Les qualités spécialement sociales sont la bonne nature, l'amabilité, le désir de plaire et la bonté de cœur qui évite d'offenser. Une personne de bonne humeur peut être franchement en désaccord avec vous, mais elle n'offense jamais."

Les bonnes manières sont faites de petits sacrifices.

EMERSON.

L'orgueil d'origine, qu'il soit haut ou bas, découle du même principe de la nature humaine ; l'une n'est que le pôle positif, l'autre le pôle négatif d'une seule faiblesse.

LOWELL.

La meilleure impression possible que vous puissiez donner par votre robe est de ne laisser aucune impression distincte ; mais de façon à harmoniser sa matière et sa forme avec votre personnalité, qu'elle devienne tributaire dans l'effet général, et si exclusivement tributaire qu'on ne puisse pas dire, après vous avoir vu, quel genre de vêtements vous portez.

JG HOLLANDE.

Rien n'est plus dangereux que de peindre des hommes tels qu'ils sont, alors que par hasard ils ne sont pas aussi beaux qu'ils le souhaiteraient.

EDMOND À PROPOS.

"Empruntez des ennuis si vous n'en avez pas déjà assez."

Le raffinement crée de la beauté partout.

HAZLITT.

"Une dame peut toujours juger de l'estime qu'elle tient de la conversation qui lui est adressée."

Certaines personnes ne peuvent pas conduire jusqu'au bonheur avec quatre chevaux, tandis que d'autres peuvent atteindre leur objectif à pied.

THACKERAY.

"Le clown qui fait rire les multitudes est plus un bienfaiteur que le conquérant qui drape mille foyers de deuil."

"Le tact est l'art de se mettre à la place d'autrui et d'y réagir rapidement."

"C'est payant à 100 pour cent d'être poli avec tout le monde, de l'éboueur au gouverneur."

"Si vous souhaitez que votre propre mérite soit reconnu, reconnaissez celui des autres."

« Si vous ne pouvez pas être heureux d'une manière, soyez heureux d'une autre ; et cette facilité de disposition n'a besoin que de peu de secours de la philosophie, car la santé et la bonne humeur sont presque toute l'affaire. Beaucoup courent après la félicité, comme un homme absent à la recherche d'un bonheur. son chapeau alors qu'il est sur sa tête ou dans sa main. De telles personnes ne veulent rien pour faire d'elles les personnes les plus heureuses du monde si ce n'est savoir qu'elles le sont.

"Une femme d'Atchison, qui il y a trois jours était considérée comme la femme la plus populaire de la ville, n'a plus un seul ami ; au lieu de sympathiser avec ses amis, comme elle l'a fait jusqu'à présent, elle a commencé à leur raconter ses problèmes."

Globe Atchison.

C'est le propre de la folie que de discerner les défauts des autres et d'oublier les siens.

CICÉRON.

Qu'est-ce qu'être un gentleman ? C'est être honnête, doux, généreux, courageux, sage et, possédant toutes ces qualités, les exercer de la manière extérieure la plus gracieuse.

THACKERAY.

Apprends-moi à ressentir le malheur d'autrui,
à cacher la faute que je vois ; cette miséricorde que je montre aux autres, cette miséricorde
à mon égard.

LE PAPE.

"Les Perses disent des propos bruyants et déraisonnables : 'J'entends le bruit de la meule, mais je ne vois pas de repas.'"

Nous donnons des conseils au seau, mais nous les prenons au grain.

ALGER.

Il est bien plus facile de critiquer que de corriger.

BEACONSFIELD.

« Je suis occupé, Johnnie, et je n'y peux rien », a déclaré le père, écrivant lorsque le petit bonhomme s'est blessé au doigt. « Oui, tu aurais pu, tu aurais pu dire oh ! » sanglota Johnnie. Il y a un Johnnie en larmes en chacun de nous à l'occasion. "

RÉVÉREND WC GANNETT.

"Vous ne pouvez pas empêcher les oiseaux de tristesse de voler au-dessus de votre tête, mais vous pouvez les empêcher de s'arrêter pour y construire leur nid."

Dans la société en général, il faut toujours éviter les discussions sur deux sujets : la religion et la politique. Dans une discussion sur l'un ou l'autre de ces sujets, vous trouverez très peu d'honnêteté intellectuelle et cela conduira presque invariablement à des divergences d'opinions irritantes.

Un gentleman est quelqu'un qui comprend et montre toute marque de déférence envers les revendications d'amour-propre des autres et qui l'exige d'eux en retour.

HAZLITT.

« Il n'y a pas de véritable conflit entre la vérité et la politesse ; ce que l'on imagine tel n'est que l'erreur grossière de ceux qui ne parviennent pas à découvrir leur harmonie. La politesse, prise dans son meilleur sens, est l'expression gracieuse du respect, de la gentillesse et de la politesse. Bonne volonté."

"La bien-aimée des femmes est celle qui, après avoir prévenu une amie des conséquences d'actes irréfléchis, retiendra, lorsque ses prophéties se seront réalisées, le triomphant : je vous l'avais bien dit !"

Journal de Boston.

"Personne ne perd par politesse ou par l'exercice insignifiant d'un plaisir apparent chez un appelant. Bien que je ne souhaite pas conseiller le manque de sincérité, il y a une grande différence entre ce vernis offensant et le pur métal de considération pour les sentiments d'un étranger. à l'intérieur de sa porte.

CONSEILS DE LADY BELLAIR AUX FILLES.

CE QU'IL FAUT ÉVITER.

Un ton de voix fort, faible, affecté, pleurnicheur, dur ou aigu. Extravagances dans la conversation : des expressions telles que « Horralement ceci », « Affroyablement cela », « Beaucoup de temps », « Je ne sais pas », « Déteste » pour « je n'aime pas », etc.

Des exclamations soudaines d'agacement, de surprise et de joie, — se rapprochant souvent dangereusement de « jurons féminins » — comme « Dérangez ! "Gracieux!" "Comme c'est joyeux !"

Bâiller en écoutant quelqu'un.

Parler de questions familiales, même avec des amis intimes.

Tentative de morceau de musique vocal ou instrumental que vous ne pouvez pas exécuter facilement.

Croiser vos lettres.

Faire un signe de tête sec et court avec la tête, destiné à faire office d'arc.

QUE CULTIVER.

Une voix sans affectation, basse, distincte et argentée.

L'art de plaire à ceux qui vous entourent et de paraître satisfait d'eux et de tout ce qu'ils peuvent faire pour vous.

Le charme de faire des petits sacrifices tout naturellement, comme si cela ne vous importait pas.

L'habitude de tenir compte des opinions, des sentiments ou des préjugés des autres.

Une voiture dressée, c'est-à-dire un corps sain.

Une bonne mémoire pour les visages et les faits qui s'y rapportent, évitant ainsi d'offenser en ne reconnaissant pas ou en ne s'inclinant pas devant les gens, ou en leur disant ce qu'il valait mieux ne pas dire.

L'art d'écouter sans impatience les bavards et de sourire à l'histoire ou à la blague racontée deux fois.

"Celui qui veut voir ses fils et ses filles complètement et vraiment doux, doit interdire dès le début l'égoïsme d'action, la grossièreté de discours, l'insouciance des formes, l'impolitesse de conduite, et exiger que dans l'enfance et la crèche soient posés les fondements de cela. un bon élevage qui est comme un joyau de prix pour l'homme et la femme mûrs.

« Beaucoup de gens considèrent que la « mauvaise humeur » est entièrement volontaire de la part de celui qui la manifeste. En fait, elle est souvent, dans une très grande mesure, involontaire, et personne n'en est plus en colère que le mauvais. Bien entendu, chacun, qu'il soit né avec un mauvais caractère, qu'il en ait acquis un par habitude ou qu'il en ait été atteint à la suite d'une maladie ou d'une blessure, devrait au moins essayer de le contrôler. Mais ses amis devraient également gardez à l'esprit que la mauvaise humeur peut être, et est souvent, une affliction avec laquelle il faut sympathiser, et non une offense à punir.

Une fois par semaine.

Il y a des gens tellement adonnés à la mesquinerie de la recherche de fautes, que s'ils voyaient soudainement l'écriture sur le mur, ils ignoreraient son terrible avertissement dans leur hâte de souligner sa calligraphie défectueuse.

BRANDEUR MATTHEWS.

"Nous sommes tous insatisfaits. La seule différence est que certains d'entre nous s'assoient dans la misère de leur insatisfaction, tandis que d'autres en font une échelle."

Mme Julia Ward Howe a dit, en parlant de Longfellow, que « son charme personnel résidait dans une délicatesse d'esprit qui était vraiment cosmopolite ; il avait une vive appréciation de ce qui était beau et noble, et il représentait le goût le plus pur et le plus parfait ». sentiment." A-t-on jamais donné une définition plus fine d'un gentleman ?

« Surveille ta bouche et garde la porte de tes lèvres, car un rapporteur est pire qu'un voleur. »

LA BIBLE.

"Il se soumet au microscope qui se laisse prendre en colère."

" Ce n'est pas tant ce que vous portez dans cette vie, messieurs, c'est la façon dont vous le portez. Ce n'est pas tant ce que vous faites, c'est la façon dont vous le faites. Il y a des gens qui font vulgairement des choses de bon goût, et avec goût. Qui était-ce

« Ils leur ont donné un coup de pied en bas avec une grâce si raffinée
qu'ils pensaient qu'il les leur remettait » ?

"Le sens de l'humour est l'un des cadeaux les plus précieux qui puissent être accordés à un être humain. Il n'est pas nécessairement meilleur pour l'avoir, mais il est plus heureux. Cela le rend indifférent à la bonne ou à la mauvaise fortune. Il lui permet de profiter de sa propre déconfiture. Doté de ce sentiment, il n'est jamais indûment exalté ou abattu. Personne ne peut énerver son humeur. Aucun abus ne perturbe son sérénité. Les ennuyeux ne l'ennuient pas. Les fumistes ne le humilient pas. Les airs solennels le font " Le jaillissement sentimental ne l'influence pas. Les folies du moment n'ont aucune emprise sur lui. "

Journal de Boston.

Il y a toujours une meilleure façon de tout faire, ne serait-ce que de faire bouillir un œuf. Les bonnes manières sont la façon heureuse de faire les choses ; chacun est un coup de génie ou d'amour, maintenant répété et durci dans l'usage. Vos manières sont toujours examinées et par des comités peu suspects — une police en habit de citoyen — mais qui vous accordent ou vous refusent des prix très élevés lorsque vous y pensez le moins.

EMERSON.

Mon expérience de la vie me rend sûr d'une vérité que je ne cherche pas à expliquer ; que le bonheur le plus doux que nous ayons jamais connu, le vin même de la vie humaine, ne vient pas de l'amour, mais du sacrifice, de l'effort pour rendre les autres heureux. C'est aussi vrai pour moi que ma chair brûle si je touche du métal chauffé au rouge.

JOHN BOYLE O'REILLY.

"Un homme sage fera bon usage des critiques défavorables et des attaques malveillantes. Il examinera soigneusement s'il n'y a pas en lui quelque faiblesse ou défaut qui, bien qu'il n'ait jamais découvert, était évident aux yeux de son ennemi. Beaucoup d'hommes profitent davantage de les assauts des ennemis que par la bonté des amis. »

"La politesse est comme un coussin d'air : il n'y a peut-être rien dedans, mais elle apaise à merveille nos soubresauts."

Ne vous flattez pas que l'amitié vous autorise à dire des choses désagréables à vos intimes. Au contraire, plus vous entrez en relation avec une personne, plus le tact et la courtoisie deviennent nécessaires. Sauf cas de nécessité, qui sont rares, laissez votre ami apprendre des vérités désagréables de ses ennemis : ils sont assez prêts à les dire. Un bon élevage n'oublie jamais que *l'amour-propre* est universel.

Ô HOLMES.

Quelles que soient nos incrédulités, la plupart d'entre nous croient profondément au bien ; et nous avons tendance à croire qu'un homme qui a pratiquement appris le secret d'une vie noble s'est d'une manière ou d'une autre rapproché de la vérité des choses.

GÉO. S. MERRIAM.

"La mauvaise humeur d'un homme fait parfois plus gâcher un dîner que la mauvaise cuisine d'une femme."

Sa voix était toujours douce,
douce et basse ; une excellente chose chez la Femme.

SHAKESPEARE.

La vraie politesse est une aisance et une liberté parfaites. Cela consiste simplement à traiter les autres comme vous aimez être traité vous-même.

CHESTERFIELD.

Un homme n'a pas plus le droit de dire une chose incivile que d'agir ainsi,
pas plus de droit de dire une chose grossière à un autre que de le renverser.

JOHNSON.

Combien doux et gracieux, même dans le langage courant,
est ce sens fin que les hommes appellent courtoisie ! Sain comme l'air et
génial comme la lumière, bienvenu dans tous les climats comme le souffle
des fleurs, ———
il transmue les extraterrestres en amis confiants, et donne à son propriétaire
passeport autour du globe.

CHAMPS JT.

LA FIN.